Нина Зверева

Я ГОВОРЮ –
МЕНЯ СЛУШАЮТ

Уроки практической риторики

8-е издание

альпина
ПАБЛИШЕР

Москва
2018

УДК 808.5
ББК 83.7
  З-43

Редактор Н. Нарциссова

Зверева Н.

З-43   Я говорю — меня слушают: Уроки практической риторики /
Нина Зверева. — 8-е изд. — М.: Альпина Паблишер, 2018. — 234 с.

ISBN 978-5-9614-6807-6

Умение выступать публично необходимо каждому современному человеку. Мы презентуем себя преподавателю, сдавая экзамен, работодателю — во время интервью, сотрудникам в процессе работы, партнерам
при заключении сделки. Говорить на публике нелегко, многие испытывают страх и неуверенность.

Для телеведущего умение выступать — основа профессии, поэтому
советы тележурналиста имеют наибольшую ценность. Нина Зверева, тележурналист и педагог, член Академии российского ТВ и обладатель премии
«ТЭФИ», расскажет, как подготовиться к выступлению, выработать свой
ораторский стиль и наиболее эффектно донести свою мысль до аудитории.

Эта книга для тех, кто хочет, чтобы их не только слушали, но и слышали.

УДК 808.5
ББК 83.7

Благодарности

Самое трудное и самое приятное — это писать слова благодарности.

Трудно — потому что страшно кого-то пропустить, приятно — потому что благодарность — это радость для обеих сторон.

Так сложилось, что в моей жизни с самого детства образовалась уникальная питательная среда для рождения этой книги. Все члены нашей семьи — прекрасные рассказчики и не менее талантливые слушатели. Многие из них, уже в нескольких поколениях, включая выросших детей, — педагоги, профессора. Естественно, что проблемы, связанные с подготовкой интересной лекции или тренинга, обсуждаются в нашей семье непрерывно, со вкусом, с энтузиазмом. Спасибо вам всем, мои дорогие!

Отдельное спасибо мужу за любовь, поддержку всех моих новых проектов и за уникальный сплав эрудиции и таланта — это тот колодец, из которого я никогда не смогу напиться!

Спасибо моему любимому водителю Максу — за страсть к устным рассказам и постоянные просьбы «рассказать что-нибудь» во время долгой дороги из Нижнего в Москву и обратно. Это была прекрасная возможность репетировать будущие выступления и анализировать секреты успеха и неудачи.

Спасибо моей подруге Рае, лучшему слушателю всех времен и народов.

Особое спасибо моему другу, оператору Михаилу Сладкову, с которым мы вместе ведем тренинги публичности, и он всегда находит точные слова поддержки для наших поначалу смущенных учеников, которые в ходе занятий раскрепощаются и добиваются успеха.

Спасибо судьбе и профессии, которая помогла мне познакомиться с блестящими ораторами и даже взять у многих из них интервью.

Спасибо моим благодарным и требовательным ученикам, которые помогают мне самой идти дальше и осваивать новые темы, создавать новые курсы и книги.

Спасибо моим верным и надежным сотрудникам из учебного центра «Практика» и учебного центра кинокомпании «Амедиа». Я знаю, со мной работать непросто, и очень благодарна всем за внимание и терпение.

Я очень рада, что эта книга выходит в моем любимом издательстве «Альпина Паблишерз», и хочу поблагодарить всех, кто поддержал идею и довел ее до финала — Илью Долгопольского, Анну Деркач и замечательного редактора Наталью Нарциссову.

Пусть эта книга будет не последней!

Глава 1,

или Вступление

Здравствуйте! Меня зовут Нина Зверева, и вы держите в руках книгу, которую я назвала «Я говорю — меня слушают». И если сейчас, с первой страницы, я с вами говорю, а вы меня слушаете, это уже очень хорошо. Но все же с первых минут всегда хочется понять, зачем вам, собственно, это читать и что вы получите в результате прочтения.

Объясняю. Я всю жизнь работала журналистом, точнее, тележурналистом. Затем педагогом, продюсером.

Журналистская жизнь моя началась рано, еще в детстве. Сейчас мне скоро шестьдесят, и меня мой возраст радует, потому что это — переход на новую ступеньку, когда я уже считаю возможным кого-то учить, передавать опыт. Тем более что мой опыт оказался востребованным.

В 2004 г. я написала учебник «Школа регионального тележурналиста», он разошелся по всей стране в количестве 5000 экземпляров и стал очень популярен. Разные люди говорили мне, что этот учебник нужен не только тележурналистам, он нужен всем, кто хочет научиться общаться. В 2009 г. я написала новый учебник, уже без слова «региональный» в названии, просто — «Школа тележурналиста». И снова успех, спрос превысил предложение. И снова среди читателей много людей, далеких от профессии журналиста. И меня это не удивляет.

Ведь что такое журналистика? Это искусство коммуникации, умение наладить контакт, понять человека, почувствовать его, найти правильную интонацию.

А разве каждому из нас это не нужно? Представьте себе, что вы сидите за столом в компании и хотите что-то сказать, вас мучает волнение и вы чувствуете, что вот уже пора что-то произнести, а потом, наконец, встаете, говорите, и все смотрят на вас ну не то чтобы с осуждением, а как-то с сочувствием… Такие моменты запоминаются надолго. И каждый из нас в детском, подростковом или даже во взрослом возрасте попадал в подобные ситуации.

Но можно ли говорить так, чтобы тебя воспринимали именно так, как тебе хочется? Можно ли овладеть техникой эффективного общения, эффективной коммуникации? Можно! Об этом много пишет Дейл Карнеги, пишут другие авторы — и иностранные, и наши.

Есть люди, которым умение общаться дано от природы. Мой друг, продюсер Александр Акопов, приводит такой простой, всем понятный пример: на елках вокруг Деда Мороза всегда собирается много детишек. Некоторые из них залезают на табуретку, и никак их оттуда не сгонишь. Они готовы читать стишки — и не имеет значения, знают они их или не знают, — глазки у них горят, они рвутся прямо сейчас сорвать овацию. Если убрать их с табуретки, для них это будет горе. А другие, наоборот, прячутся за мам и бабушек.

Это не означает, что они глупее, что у них плохая память, что они не знают стишков, — нет, это означает, что они боятся быть публичными.

Публичность — это дар, но это и необходимость, потому что никто из нас не может прожить в одиночку, на необитаемом острове. Всем приходится вступать в общение. Как-то раз мне как журналисту довелось присутствовать на тренингах нашего замечательного психотерапевта Яна Голанда, который учил группу молодых людей, как надо знакомиться с девушкой. Я не ожидала, что так много умных, симпатичных молодых людей не могут преодолеть этот барьер — подойти поздороваться, представиться, познакомиться, попросить телефон. При этом я видела огромное количество нахальных молодых людей, совершенно неинтересных, часто недостойных, которые делают это легко и просто. Существуют даже целые школы так называемых «пикаперов» и, наоборот, «школы стерв», где учат нужным для этого приемам.

Ведь это просто приемы. Это очень просто. Но некоторым людям это дано от рождения, а некоторым приходится овладевать навыками общения через страх и душевную боль, через неуверенность и сомнения.

Главное, что вы должны запомнить, — овладеть этим можно. Другой вопрос — всем ли это нужно? Я считаю, что всем абсолютно. Но некоторым больше, чем другим.

Например, если человек хочет сделать карьеру, это означает, что ему обязательно придется представлять себя преподавателю, сдавая экзамен, работодателю — во время интервью, коллективу, если он собирается руководить людьми, и т. д.

В знаменитых американских бизнес-школах искусству коммуникации учат серьезно и основательно. И очень многие бизнесмены говорили мне о том, что главное в их профессии — умение вести переговоры. А это значит — умение слушать, умение слышать, умение говорить.

Ведение переговоров — искусство даже более тонкое, чем искусство интервью. Журналист занимает определенную позицию — это понятно. Понятно и то, что есть некоторые проблемы, связанные с тем или иным человеком, которые интересны обществу. Журналист вытаскивает эти проблемы на свет Божий, и вокруг них и ведется разговор. Занять верную позицию в переговорах — сложнее, а вести их большинству людей приходится куда чаще, чем брать интервью.

Но даже если речь идет об обычном тосте, в компании родных и близких, умение говорить тоже очень важно, потому что словом можно убить, а можно возродить. Если любимый вами человек — а вы так ждали его слова! — встает и говорит: «Счастья, здоровья!» — праздник испорчен. А ведь он сказал то, что думал на самом деле, он действительно желает вам счастья и здоровья.

Он просто не умеет и не привык говорить публично. Сказать в такой момент именно то, чего от тебя ждут, — что-то особенное, хотя и при всех, — это тоже надо уметь.

Надеюсь, я вас убедила в том, что прочитать эту книгу будет как минимум не вредно.

А теперь, собственно, из чего она будет состоять, о чем мы будем с вами беседовать?

Самая главная часть книги — это некий модуль хорошего публичного выступления. Мне кажется, что в ходе своей журналистской деятельности и тренингов, которые мы с оператором Михаилом Сладковым в течение многих лет проводим с разными людьми — прежде всего, с депутатами, политиками, чиновниками разных уровней, — я нащупала важные параметры этого модуля. О каждом из них поговорим подробнее.

Это:

интонация;
предварительная подготовка;
знание аудитории;
эмоции;
реакции;
уверенность;
подручные средства;
ваш личный опыт;
шутки;
паузы;
техника речи;
владение родным языком;
чувство времени;
память.

Поговорим и о том, что каждому выступающему на публике человеку важно найти свой стиль. Ораторы бывают разные. Для меня типы ораторов — это артист, знайка, трибун, друг или учитель.

Поговорим о разных ситуациях, в которые вы можете попасть или уже попадали во время публичных выступлений, поговорим и о такой важной вещи, как самопрезентация.

Ну вот, о содержании книги я рассказала, и теперь пора переходить к следующей главе.

ВЫВОДЫ

■ Учиться общаться необходимо каждому человеку, это важное умение.

■ Научится этому — можно! Просто одним это дается легче, чем другим.

■ Есть определенные параметры любого хорошего выступления, их полезно знать.

■ Публичность — это необходимость, нельзя прожить на необитаемом острове.

■ Хорошо говорить — означает быть услышанным!

ЗАДАНИЯ

1. Попробуйте «на память» перечислить параметры успешного выступления.

2. Постарайтесь вспомнить среди знакомых вам людей именно тех, у кого общение получается лучше, чем у других. Подумайте, почему, за счет каких приемов им это удается.

3. Узнайте у тех людей, которым вы доверяете, какие ошибки вы совершаете при публичных выступлениях, начиная с тостов в знакомой компании. Проанализируйте то, что вам скажут близкие.

4. Загляните в Интернете на странички «школы стерв» и других подобных школ, обучающих искусству обратить на себя внимание того человека, который вам интересен. Многие из предлагаемых ими приемов вполне разумны.

5. Зная параметры успешного публичного выступления, попробуйте оценить по 10-балльной шкале свои способности (например, память — 5 баллов, голос — 6 баллов, уверенность — 3 балла и т. д.). Когда вы прочтете книгу, вернитесь к этому листочку и сделайте упражнение заново.

Глава 2

Цель выступления

Если называть выступлением некий акт публичного говорения, то понятно, что оно может состояться в различных ситуациях, в разных компаниях, и его цели тоже, соответственно, могут быть разными. Иногда мы начинаем выступать, когда и не собирались этого делать. Иногда имеем возможность подготовиться к выступлению, а иногда — нет. Если же попробовать как-то классифицировать цели выступления, то я предложила бы вам такой вариант.

1. Первая, наиболее распространенная цель выступления — это стремление выдать нужную информацию. При этом вы можете выступать перед коллективом, отчитываться перед начальником, давать нужную информацию знакомым и друзьям. Нужную — кому и для чего? Речь идет об информации, которую вы считаете нужным сообщить в данный момент.

МИНУТОЧКУ!

Очень полезно задать самому себе вопрос: та информация, которую я считаю нужной, — действительно ли она нужна тем людям, которым я хочу ее сообщить? Часто именно здесь происходит сбой.

Действительно ли люди ждут вашего сообщения? Почему? Им оно будет интересно, полезно — или развлечет их, доставит им радость, рассмешит? Если вы в этом уверены, тогда — открывайте рот и говорите!

Но если вы все-таки ошиблись?

Главное — сделать так, чтобы та информация, которую вы считаете нужной, была востребована теми, кто вас окружает. Главное, чтобы люди, которые выслушали эту информацию, признали ее нужной.

А для этого чрезвычайно важен момент предварительного обдумывания информации.

Вы должны сосредоточиться и оценить следующее:

- ■ что именно вы хотите сообщить (если не можете сами для себя сформулировать ответ одной короткой фразой, значит — ясности нет, выступать в этом случае рискованно);

- ■ подходит ли ситуация для успешного выступления (например, если совещание затянулось, люди устали и ждут перерыва, это явно не самый удачный момент);

- ■ сможет ли данная аудитория адекватно оценить и воспринять вашу информацию (это вопрос мотивации и уровня слушателей, например, одна и та же важная и качественная информация легко может быть усвоена в кругу коллег и вызовет недоумение в кругу ваших друзей, и наоборот).

2. Вторая цель выступления часто преследуется политиками и теми, кто хочет сделать политическую карьеру. Эта цель — побудить к действию, а умение добиться этого — одно из качеств настоящего лидера.

Интересно, что при этом не так важен смысл, как важны эмоции, эмоции побуждения. Важна и подача. И, конечно, когда мы говорим об этом, перед нами сразу встает образ великолепного Жириновского. Слово «великолепного» пишу в кавычках, а произношу без них, абсолютно серьезно! Я следила за выступлениями Владимира Вольфовича, несколько раз общалась с ним, вела с ним прямой эфир на Российском телевидении и брала у него интервью, когда он бывал в Нижнем Новгороде. Могу сказать, что в разных аудиториях он называл разные цифры и говорил прямо противоположные вещи. И было очевидно, что ему совершенно неважно, что он говорит, важно — как. При этом он совершенно четко ориентировался на аудиторию. Среди сельских жителей, которые не особенно вникают в такие вещи, он приводил какие-то жуткие цифры, которые брал с потолка. Зато выступая перед интеллигенцией в научном институте, был с цифрами очень осторожен. И в любой момент выступления наблюдалась безусловная концентрация на том, как он выглядит со стороны.

Чрезвычайно эмоционально, чрезвычайно ярко, с перебором во всех смыслах и с артистическим вдохновением этот человек говорит так, что хочется видеть и слышать его снова и снова. И так как главная задача политиков — сделать так, чтобы за них голосовали, чтобы не затеряться и остаться на Олимпе, для них это очень важно.

минуточку!

Вы помните, наверное, как выступал в бытность свою премьер-министром Егор Тимурович Гайдар? Он чмокал губами и то и дело произносил странное слово «отнюдь». Но его слушали с большим интересом и терпели и «отнюдь», и причмокивания.

Это можно объяснить, если вспомнить, что в ту пору в России испытывали большой интерес к новым людям, к так называемым реформаторам и демократам. После десятилетий скучной, закрытой на все пуговицы, глянцево-пропагандистской политики вдруг появились совсем другие люди, и им хотелось верить. Их хотелось слушать! Конечно, только какое-то время, потому что потом неудачи реформ и разочарование в реформаторах сделали появление таких горе-ораторов на трибунах невозможным.

Я помню, как слушали выступавшего с трибуны съезда народных депутатов СССР Сахарова — человека, который вроде бы совсем не владел публичным словом, заикался и говорил очень тихо и одно и то же. Однако к нему присматривались. Его личность сама по себе была настолько необычна, нам долгие годы запрещалось о нем говорить, и вдруг мы смогли его увидеть, при том что мы столько о нем слышали — и хорошего, и странного, и ложного…

Тем не менее его засмеяли, буквально согнали с трибуны, и он стал немножко… не могу сказать жалок — он никогда не бывал жалок — но он оказался как-то беспомощен перед этой толпой, которая не дала ему говорить. Это потом мы узнали, что все, о чем он пытался рассказать, — правда. Действительно, в Афганистане одни из наших солдат стреляли в других, и тоже наших… Он не очень умел подать информацию, но, тем не менее, его желанием было побудить к действию, принять какие-то законы, разобраться с нашей армией, с тем, что от нас скрывали. Это, конечно, особый случай… Но если бы к его смелости и опальной славе прибавить талант оратора Анатолия Собчака или раннего Бориса Ельцина — эффект был бы другим.

Я знаю многих молодых людей, которые хотят стать политиками, и обычно они тренируются именно в этом направлении — не столь важно, что ты говоришь, гораздо важнее — как, насколько твои эмоции способны разбудить чувства других людей.

Сразу хочу обратить внимание читателей на то, что есть огромная разница между демонстрацией своих эмоций и умением вызвать эмоции у слушателей.

Вы много раз наблюдали, как самые тонкие юмористы остаются невозмутимо спокойными в тот момент, когда зал задыхается от хохота. Профессиональный актер умеет так сказать и так замолчать, что у людей дрожит сердце, а он остается в своем образе, как будто ничего не происходит.

Разные политики пользуются совершенно разными методами, чтобы вызвать мощную реакцию толпы, и каждый находит свои эффективные приемы манипуляции человеческими эмоциями.

3. Еще одна цель выступления — произвести впечатление, например, при устройстве на работу или знакомстве. В этом случае очень важны нюансы. Каждая ошибка в такой момент может навсегда лишить вас или работы, или знакомства, о котором вы мечтали.

Помните пословицы о том, что первое впечатление дороже второго, встречают по одежке, а провожают по уму, и т.д. Очень важно контролировать каждое свое слово и каждый взгляд, точно знать свои достоинства и недостатки, для того чтобы использовать первые и скрывать вторые.

Эти навыки хорошо тренируют в американских бизнес-школах, о которых я уже упоминала, причем интервью репетируется много раз и с разными работодателями.

Интересно, что в той же Америке или Европе при трудоустройстве часто просят рассказать историю из жизни — школьной, личной, семейной. И следят за тем, как и что человек рассказывает. Это имеет огромное значение. Поэтому такая история из жизни тоже репетируется.

Если говорить о тенденциях в искусстве публичных выступлений, то в последнее время в них присутствует все больше личного, все больше искренности. Посмотрите на Барака Обаму — это один из самых ярких публичных политиков нашего времени. Обратите внимание на то, как часто он говорит о чем-то личном, что раньше было невозможно.

Во время его визитов в разные страны вспоминается какой-то двоюродный дедушка, а недавно весь мир следил за тем, как Обама ловил муху, и в Интернете это были, наверное, самые востребованные кадры. Поэтому не нужно бояться говорить просто и искренне и приоткрывать что-то личное. Обычно люди реагируют на это очень хорошо.

Не нужно стараться казаться лучше, чем вы есть, или казаться другим — это большая ошибка.

4. Еще одна возможная цель выступления — доложить результат. Я думаю, что это одна из самых трудных целей, потому

что отчеты, по сути, — самое скучное, что приходится слушать. Если вы выступаете с научным докладом, то в зале найдутся принципиально несогласные, и все они будут стараться доказать вашу неправоту немедленно, либо по их лицам будет видно, что они считают ваши результаты не такими уж впечатляющими. Тем не менее есть примеры прекрасных выступлений с подобными докладами, например, речи нобелевских лауреатов. Я очень советую вам найти в Интернете выступления нобелевских лауреатов, почитать их, и тогда вы увидите, как просто и легко можно рассказывать о самых сложных научных открытиях.

Собственно, в этой книге мы будем подробно говорить об этих правилах: не говорить трудно, не говорить слишком долго, говорить от себя, как можно меньше читать и т.д.

5. Наконец, наверное, самая распространенная цель выступления — поддержать компанию. Нужно уметь делать это, но обязательно помнить о том, что тот, кто первым заговорил после неловкой паузы или полной тишины, всегда сильно рискует, так как его слушают все и надо быть готовым выйти из этой ситуации победителем. Даже простейший анекдот надо уметь рассказать, и только кажется, что это легко.

Понятно, что в зависимости от ситуации и цели говорить надо по-разному. Но важно всегда помнить о том, что ваша цель — именно эта, а не другая. Есть и еще одно очень важное правило: не нужно путаться в целях или стараться объединить их. Если перед вами стоит задача за 15 секунд произвести впечатление, а вы начинаете излагать тому же начальнику или работодателю какие-то цифры, факты, рассказывать о своих успехах, вряд ли вы добьетесь желаемого результата. А если вам необходимо побудить кого-то к действию, не нужно путать это с задачей дать нужную информацию. Еще раз говорю: побудить к действию — значит вызвать сильные эмоции.

Поэтому перед тем, как начать говорить, вы должны спросить себя: зачем я открыл рот, с какой целью, чего хочу достичь, — и сконцентрироваться на одной задаче.

Под занавес — полезная байка.

Она мне кажется очень подходящей — про Ларри Кинга. Это знаменитый, очень популярный американский телеведущий. Кстати, у него есть прекрасная книга, изданная в том числе и на русском языке, — «Как разговаривать с кем угодно, когда угодно и где угодно»*. Очень полезное чтение для тех, кто хочет овладеть искусством говорения. Об этом человеке я слышала историю — не знаю, правда это или нет, но история уж больно хороша.

В свое время тихий еврейский юноша с совершенно другими именем и фамилией (назовем его Наум Гинзбург) очень мечтал быть журналистом, но ему все отказывали, потому что он не производил нужного впечатления — просто не умел. Он запинался, заикался, волновался и только и мог, что сообщать всем о своей мечте стать журналистом. Но этого, как мы понимаем, совсем недостаточно для того, чтобы быть принятым на работу. В Америке профессия журналиста чрезвычайно востребована, и конкуренция высока.

Кто-то из умных взрослых друзей посоветовал ему начать с маленькой радиостанции, не обязательно же сразу телевидение… Он послушался и приехал на маленькую радиостанцию в маленький город. В Америке, кстати, местные радиостанции и телекомпании более популярны, чем общенациональные. Люди всегда хотят знать о себе, о своем городке, о своем домике больше, чем о жизни страны в целом. И ему повезло. В этот день как раз заболел ведущий диктор. Главный редактор, посмотрев на его взволнованную молоденькую мордочку с горящими глазами, решил дать ему шанс. И вот Наум зашел в радиорубку, маленькую уютную комнатку с микрофонами. Зажглась красная лампочка, ему начали махать руками — говори, говори! А как раз перед этим главный редактор спросил его: «Как вас зовут?» Он сказал: «Наум Гинзбург». — «Нет-нет, это плохое имя, давайте вы будете Ларри Кингом». — «Почему Ларри Кингом?» — «Хорошо звучит — вот и все». Это было последнее, что он услышал перед тем, как зайти. Ему дали листочки с текстом и начали махать руками.

---

* Кинг Л. Как разговаривать с кем угодно, когда угодно и где угодно. — М.: Альпина Паблишерз, 2010.

И вдруг этот испуганный парень сказал, с ужасом глядя в микрофон: «Знаете, меня зовут Наум Гинзбург. Меня только что переименовали в Ларри Кинга. Это имя для меня новое, оно мне не нравится, но мне сказали, что оно лучше звучит. Я ничего не умею, я просто очень хочу работать журналистом. Здесь лежат листочки, но, по-моему, они очень скучные. Давайте я лучше расскажу новости городка, которые узнал, пока шел на радиостанцию». И он начал рассказывать о том, что перед радиостанцией — лужи, о погоде, о том, что произошло, какие автобусы он увидел, еще что-то… На него махали руками, но когда время закончилось, он вышел и заиграла музыка, все телефоны зазвонили и радиослушатели потребовали, чтобы этот парень остался в эфире. Что же произошло? А произошло то, что в ситуации стресса человек использовал самый лучший прием — он искренне предъявил себя таким, какой он есть. И, конечно, люди сразу оценили это и поняли, что здесь нет притворства, нет лжи, а есть глубокое фанатичное желание работать в этой профессии и общаться со слушателями.

Это очень важная история. Если определить цель выступления Ларри Кинга — а у него была цель, ему надо было получить работу, — то он ее достиг. Я думаю, если бы он вошел в студию и смущенным голосом прочитал новости на листочках, и сразу назвался бы Ларри Кингом, то выздоровевший диктор легко заменил бы его. Но он предъявил себя и выиграл!

Так что, прежде чем открыть рот, прежде чем начать говорить, спросите себя: какова ваша цель? Полезный вопрос — подумайте над ним!

ВЫВОДЫ

- Перед выступлением всегда полезно подумать, какова ваша цель.
- Цель выступления должна быть конкретная и в каждом случае — своя.
- Чем точнее вы определите цель своего выступления — тем выше вероятность успеха.

■ Оставаться самим собой, быть искренним в общении — скорее плюс, чем минус.

■ Надо уметь скрывать свои недостатки и подчеркивать достоинства — в любой ситуации.

ЗАДАНИЯ

1. Попробуйте по памяти перечислить те цели выступления, которые указаны в этой главе.

2. Перескажите байку про Ларри Кинга кому-то из близких, посмотрите, насколько внимательно вас будут слушать.

3. Вспомните последние три своих публичных выступления и попробуйте сформулировать, какова была цель каждого из них. Проанализируйте, удалось ли вам достичь ее.

4. Подумайте, в каких случаях доклад о ваших результатах будет интересовать аудиторию, а в каких — восприниматься как безнадежно скучный.

5. Посмотрите внимательно телевизор и попробуйте сформулировать, какую цель в своих коротких выступлениях ставили перед собой публичные политики, чиновники высокого уровня, журналисты. Насколько им удалось достичь цели?

Глава 3

Начало и финал

Вэтой главе мы поговорим о некоторых составляющих хорошего выступления. А конкретнее — о начале и финале. Я называю это «правилом Штирлица».

Помните, в «Семнадцати мгновениях весны» есть такой закадровый текст: Штирлиц знал, что лучше всего запоминается первая и последняя фраза… Это действительно так.

На занятиях с журналистами мы разбираем различные сюжеты, программы и фильмы и каждый раз приходим к выводу, что неслучайно на профессиональных конкурсах побеждают те из них, где отлично сделаны начало и финал. Середина часто попросту забывается. Но если в начале нас заманили чем-то интересным, подсадили на «крючок», дали понять, что впереди увлекательная история, а в финале будет и вовсе что-то эдакое — мы обязательно будем смотреть. Незыблемое правило драматургии — должны быть завязка, кульминация, финал.

Это правило применимо к любому выступлению.

Люди, которые рождены хорошими ораторами, чувствуют это интуитивно. И поэтому начинают речь примерно так: «Я расскажу вам историю, которая перевернула мою жизнь». Все слушают и ждут того момента, когда жизнь перевернулась, и даже если это заявление оказалось большим преувеличением, слушают-то с интересом, внимательно! Только если в конце истории совсем уж ничего не происходит, аудитория разочарована — ее купили на хорошую рекламу! Заставили слушать! И в следующий раз такого доверия к этому рассказчику уже не будет. Поэтому в финале обязательно должно что-то произойти.

С ЧЕГО НАЧАТЬ?

Помните знаменитое пушкинское «Гости съезжались на дачу» или толстовское «Все счастливые семьи похожи друг на друга, каждая несчастливая семья несчастлива по-своему»? Русская классическая литература дает прекрасные образцы кратких вступлений. Но, к сожалению, в школах нас учат писать к сочинениям длинные, никому не интересные вступления. Проглядывать их можно очень быстро — вряд ли там найдется что-то особенное.

Например, сочинение на тему «Значение Пушкина в русской литературе»: «Великий А. С. Пушкин создал русский литературный язык, он написал такие произведения, как...». Раскрытие самой темы — это уже, как правило, после вступления, то есть пункт второй.

Так вот журналистов мы учим отбрасывать вступления. Я говорю: «Напишите все сведения, которые считаете нужным сообщить зрителю, а потом вычеркните первые два абзаца». Вы не представляете, как они удивляются, когда оказывается, что эти два абзаца действительно были лишними.

Например: «Весна, время любви, расцветает природа, поют птицы, и сердце трепещет вновь, — пишет тележурналист. — У Анны Александровны случилось в этот день не весеннее событие. Ей пришло письмо». Оказывается, именно со второго предложения и нужно было начать сюжет. «У Анны Александровны в этот день случилось не весеннее событие. Ей пришло письмо — грустное, даже горькое». Так начинается сюжет: завязка, а все что до этого — само собой разумеется. Если оператор не показал ручьи, лужицы, птичек, весенние краски, как бы вы ни описывали это словами, никто никогда себе этого не представит.

У того, кто говорит, нет возможности показать картинку, ему нужно нарисовать ее словами, но плох тот оратор, который делает долгое вступление и рассказывает то, что не нужно.

Первую фразу нужно готовить заранее. И конечно, хорошо, если она будет парадоксальна. Пусть первая же фраза вызовет реакцию у публики.

Однажды мне довелось быть на конференции «Логика успеха». Это конференция, где можно набраться новых идей и вдохновиться чужим успехом. Речь шла об успешных продюсерах отечественного телевидения. Там выступали такие известные люди, как Александр Роднянский и Роман Петренко. Один возглавлял в ту пору СТС, другой до сих пор руководит успешной компанией ТНТ. Они рассказывали о том, как достигли успеха в жизни, рассказывали очень неплохо, увлекательно — оба интересные люди с интересной биографией. И Петренко, и Роднянский — очень яркие лидеры, но характеры и, следовательно, манера говорить у них разные. Было интересно слушать и сравнивать, тем более что судьбы у этих менеджеров во многом похожи — оба искали счастья за рубежом, многого там добились своим трудом и совершенно неожиданно получили предложения вернуться в Москву на высокие должности.

Люди слушали, внимали, аплодировали, пытались запомнить формулы успеха, которыми делились ораторы. Один настаивал на том, что главное — уметь рисковать, другой утверждал, что успех — это команда и надо уметь грамотно подобрать ее и правильно мотивировать.

Последним выступал продюсер и руководитель кинокомпании «Амедиа» Александр Акопов. Я буду часто упоминать его в этой книге, потому что он, наряду с журналистом Георгием Молокиным и еще несколькими знакомыми мне людьми, один из самых интересных ораторов, кого я знаю, один из тех, кого я слушаю с восторгом, потому что словом он умеет добиться всего, чего хочет.

Акопов встал и сказал: «Знаете, а я хочу рассказать о логике неуспеха, потому что это гораздо важнее, так как в любом провале на самом деле кроется успех».

Вы бы видели, как развернулась в его сторону аудитория, как стали его слушать! А почему? Да потому что он первой же фразой придал ситуации парадоксальность. Парадокс — это всегда замечательно! Мозги включаются с пол-оборота, и хочется понять, шутит человек или говорит всерьез.

Если вам приходится выступать после кого-то, хорошо бы зацепиться за какую-то фразу предыдущего оратора, за какой-то тезис и перевернуть его наоборот.

Например, ваш босс заявляет на совещании, что придется работать в субботу, так как нужно как следует подготовить важные документы. Все удрученно молчат, потому что уже понастроили других планов, и семья ждет не дождется выходных.

Фраза «Трудовые будни — праздники для нас!» сразу разрядит ситуацию, и тот же строгий босс наверняка пообещает вернуть потерянный выходной в другой день.

И ЧЕМ ЗАКОНЧИТЬ…

Недавно я присутствовала на довольно скучной конференции, где выступала одна американка. Выступала она первой, перед еще сонной аудиторией. Все понимали, что впереди — долгий день конференции, а тут еще нужно слушать оратора через переводчика. К тому же обсуждаемый вопрос не предполагал острой дискуссии — речь шла об освещении темы инвалидов в различных СМИ.

И вот немолодая симпатичная американка встала и произнесла первую фразу: «Я занялась этой проблемой (имелась в виду социальная журналистика. — *Прим. авт.*) благодаря собаке». Народ как-то встрепенулся, поглядел на нее озадаченно и с интересом.

А дальше она спокойно начала рассказывать, что училась там-то и там-то, занималась медициной и совсем не думала о журналистике.

Слушатели внимали ей спокойно, интерес не пропадал, потому что все ждали, когда будет про собаку.

И только в самом конце своего пятиминутного выступления она рассказала, как однажды, будучи молоденькой студенткой медицинского колледжа она гостила у своей тети в каком-то маленьком американском городке и увидела там собаку-поводыря. Собака вела слепую женщину, обходя столбы, машины, ориентируясь по сигналам светофора. Женщина настолько доверяла собаке, что шла довольно быстро, почти как обычный пешеход. Нашу героиню это так потрясло, что она пошла следом за ними. Женщина и собака скрылись в дверях отеля. Она тоже вошла и попала как раз в самый острый момент, когда служащий отеля отказался давать слепой женщине ключ от номера, несмотря на предварительную резервацию и оплату. Дело в том, что в этом отеле — а потом оказалось, что и во всех отелях штата! — было запрещено проживание с собаками, даже со специально обученными собаками-поводырями.

Наша девушка-медик решила написать об этом статью, она даже сумела сфотографировать женщину и собаку. Статья имела широкий резонанс, ее обсудили на заседании сената этого штата и приняли специальное постановление относительно собак-поводырей.

Так она занялась проблемой слепых людей и из медика превратилась в журналиста, одного из самых известных и почитаемых. Она ездит по всему миру и в самых разных аудиториях рассказывает, как добиться успеха в сложной профессии социального журналиста. Она стала прекрасным оратором. Вполне возможно, что историю с собакой она рассказывала не в первый раз, но я уверена, что подобных историй у нее в запасе множество и для каждой аудитории она выбирает самую подходящую. Учитывая, что на данную конференцию собрались далекие от темы, скучающие люди, она решила взбодрить их эмоциональной, красивой и трогательной историей. А начало выступления и финал были продуманы, безусловно, заранее.

Последняя фраза имеет не меньшее значение, чем первая, и очень хорошо, если они друг с другом связаны.

Если вы слушаете выступления президента во время ежегодных посланий Федеральному собранию, обратите внимание на начало и финал его речей. Сделаны они ювелирно! Начало — яркое, короткое, самая суть. Финал — тоже короткий, но эмоционально окрашенный. Вот, например, финал последнего выступления Дмитрия Медведева: «Мы одной крови с теми, кто победил, стало быть, все мы — наследники победителей, и я верю в новую Россию. (…) Мы сами выбрали свой путь, наши отцы и деды тогда победили. Теперь должны победить мы. Россия, вперед!»

Замечательно сказано, аплодисменты напрашиваются сами собой.

минуточку!

А если не хватило времени? Если вам совершенно неожиданно дали слово, и вы совсем не готовы, а говорить надо! Мне кажется, что дело вовсе не во времени, а, скорее, в четком понимании задачи. И, конечно, в готовности выступить. Эту готовность надо иметь всегда. Надо в себе ее воспитывать, как воспитывают в солдатах готовность в любой момент пойти в бой! Несколько секунд на одевание, еще несколько секунд на то, чтобы взять в руки автомат.

Когда вы поняли, что, возможно, нужно будет выступить, за оставшиеся несколько секунд — это, кстати, очень помогает справиться с волнением, — запишите в блокноте или на листе бумаги, да хотя бы на салфетке, с чего вы начнете и чем закончите. И очень хорошо — скажу об этом еще раз, — если начало и финал будут связаны между собой. Это очень важно!

ОБРАТИТЕ ВНИМАНИЕ!

Если вам нужно поделиться информацией, значит, прежде всего, вы должны обратить на себя внимание. Информацию нельзя выдавать сразу, надо сначала сделать ей рекламу: «А я знаю, как надо выйти из этой ситуации» или «А я читал, как можно решить этот вопрос нестандартным образом». Или: «А вы знаете, как эта проблема решается у наших конкурентов?» (Кстати, с вопроса начинать вообще хорошо.) А дальше надо назвать фамилию известного человека, который вызывает всеобщее уважение, — то есть дать аудитории «замануху».

Что еще может быть «заманухой», кроме упоминания имени, на которое все среагируют? Либо парадокс, то есть что-то неожиданное, нестандартное, либо шутка, но на это не каждый способен, либо можно взять удар на себя. Если по характеру это вам подходит, скажите: «Я знаю, как можно сделать это быстро, дешево и качественно». Ого-го! Это демонстрация амбиций! Тоже вариант.

Таким образом, если перед вами стоит задача дать нужную информацию, уже первой фразой вы обращаете на себя внимание. А в финале речи я бы посоветовала повторить эту нужную информацию, только коротко, чтобы она точно всем запомнилась. *Всегда нужно сначала рассказывать развернуто, а потом еще раз формулировать кратко.*

Если вам необходимо побудить кого-то к действию — это значит, что вы берете на себя роль лидера. Мы говорим о политиках или о выступлении в каких-то особых стрессовых ситуациях, например, когда люди растерялись, а вы готовы взять на себя ответственность, стать командиром. Если вам нужно побудить к действию, хорошо бы, чтобы первая ваша фраза была со знаком восклицания. Короткое «Стоп!» или «Внимание на меня!». Или «Все сюда!» — это фраза неожиданная, командная и привлекательная. Вспомните того же Жириновского и других политиков. Они часто повторяют: «Я сказал!», «Внимание на меня!».

«Сейчас я скажу то, чего вы еще не знаете. Внимание!» И очень важно после этой фразы выдержать паузу. Кстати, о паузах мы поговорим в следующей главе. А сейчас несколько слов о финале.

Если вы взяли на себя роль лидера и командира, то финал выступления — это всегда эмоция. Причем сильная, яркая эмоция, захватывающая зал.

Этим приемом всегда пользуются политики. Например, те же американцы — как хорошо и быстро переходят они на национальную идею, на великую Америку! И люди прикладывают руку к сердцу, и поют гимн, и вешают государственные флаги над своими домами — не просто так, их к этому приучили с помощью определенных технологий. Кстати, этими технологиями прекрасно владели гитлеровские идеологи фашизма, которые очень хорошо освоили психологию толпы.

Когда людей много, когда есть компания, команда, зал, целая площадь людей, аудитория становится подвержена общим эмоциям, общему пафосу. Есть понятия, на которые человек всегда реагирует хорошо. Есть слова, на которые он не может не реагировать. Для меня и для вас такими понятиями всегда будут малая родина, то есть город, где родился, мама, бабушка, детство и т. д. Есть близкие всем общенациональные понятия — Родина, Москва, Победа. Сердце любого россиянина не может не реагировать на использование — умное, грамотное! — таких важных понятий. Прекрасно владеет этой методикой премьер-министр Путин. Он очень грамотно переходит с любого частного случая на интересы России и сразу находит полное понимание у аудитории, то есть у людей возникает чувство доверия к этому человеку и желание идти за ним. Это впечатляет.

Следующая цель выступления, как мы помним, — произвести впечатление, например при устройстве на работу. В этом случае очень важны точность, лаконичность, хорошие манеры, улыбка, знание предмета и т. д. А как использовать начало и финал? Многое зависит от того, кто перед вами сидит, насколько вы владеете информацией об этом человеке. Знаком он вам или не знаком, удалось что-то узнать о нем или не удалось…

Но в любом случае вы можете использовать в качестве начала уже однажды найденные яркие слова.

Скажите о себе что-то такое, что явно заинтригует собеседника. Например, я знаю, что людям в аудитории нравится, когда я спокойно сообщаю свой возраст. Я вижу, что это повышает мой рейтинг. Говоря: «Мне пятьдесят семь лет», — я могу предвидеть реакцию удивления у малознакомых людей и пользуюсь этим, зная, что это хороший прием. У каждого есть какие-то свои фразы, которые уже прошли проверку временем, их можно и нужно использовать.

При устройстве на работу лучше, чтобы первыми заговорили не вы, и в таком случае я всегда советую: в начале важного интервью спросите, сколько у вас есть времени. Если вас просят рассказать о себе, спросите сразу, сколько у вас есть времени — минута, полторы, две? Уточнение формата встречи — это всегда удачная первая фраза.

Не могу удержаться от того, чтобы не похвастаться, но, надеюсь, это будет интересно и полезно. Случилось так, что наш учебный центр «Практика» в Нижнем Новгороде в ходе официального визита в Россию посетила королева Нидерландов Беатрикс вместе с сыном принцем Вильгельмом Александром. Мы до последнего момента не верили, что это случится, но вот она, сияющая, красивая, в рыжей шляпке и в рыжих перчатках идет с улыбкой мне навстречу, а я совсем не знаю что сказать! На русском? На английском? И главное — что сказать? Меня так долго инструктировали перед встречей, что в голове остался полный сумбур. Помнила только о полном запрете на все, что я люблю, — на комплименты, на подарки, на подробный рассказ о нашей школе. Я посмотрела Ее Величеству прямо в глаза и спросила по-английски: сколько у меня есть времени? И она ответила радостно: "Take you time!" — то есть сколько захотите! С этого момента я уже не обращала внимания на службу безопасности и прочие помехи, раскрепостилась, и все прошло замечательно — душевно и очень легко!

Финал интервью тоже нужно продумать заранее. Когда человек при устройстве на работу наизусть рапортует свое резюме, это не производит хорошего впечатления. Если он заканчивает рассказ о себе так: «Морально устойчив, имею троих детей, женат», — это странно! А вот если в конце он тонко упоминает о каком-то своем необычном увлечении — это может произвести очень хорошее впечатление. Я помню, как легко и с радостью взяла на работу девушку, которая сидела во время интервью очень зажатая, а в конце неожиданно заявила мне, что ничего не знает, ничего не умеет, но умеет учиться! Она попала в самую точку, так как я всегда считала стремление учиться самым важным для членов своей команды качеством.

И еще об одном нужно всегда помнить: если перед вами стоит задача произвести впечатление, надо быть очень осторожными с хвастовством. Первой или последней не должна быть фраза, которая ставит вас выше всех. Это всегда неприятно. Помните, что лучше немного посмеяться над собой, чем похвастаться. Это формула на все времена.

Если же ваша задача — доложить результат, то первая фраза должна осветить проблему. Чтобы все поняли значение достигнутого вами результата, надо сначала разъяснить суть проблемы. Вы должны показать ее глубину и трудноразрешимость. Постарайтесь сделать это коротко, а в финале нужно обязательно вернуться к проблеме и продемонстрировать, как теперь она будет хорошо и быстро решаться.

Если вы хотите поддержать компанию, то хорошо бы начать и закончить свое выступление шуткой или каким-то интересным афоризмом, причем желательно, чтобы это были не избитые, всем известные фразы, а такие, которые пришли в голову только что и оказались к месту. Меня всегда зависть берет, когда люди замечательно шутят и сами смеются, и я вижу: все, что они сказали, — экспромт. Им от природы дано умение поддержать компанию. Вокруг них всегда многолюдно, к ним с удовольствием приходят в гости, у них много друзей!

Уверена, что среди ваших знакомых есть такие рассказчики.

Сама я могу навскидку вспомнить несколько историй про своих самых любимых начальников, с которыми мне явно везло. Например, такую: после сложного инструктажа по поводу предстоящего Всемирного фестиваля молодежи и студентов в 1985 г. Эдуард Сагалаев совершенно неожиданно улыбнулся и заявил нам, напуганным журналистам: «Ребята, в Америке только что прошла успешная операция на толстом кишечнике у президента Рональда Рейгана. Эта операция занимает мир гораздо больше, чем наш московский фестиваль!» Мы расхохотались и стали работать по-другому, без излишнего пафоса.

А один из руководителей нижегородского ТВ Георгий Молокин в конце творческой летучки любил сказать нечто вроде: кто не понял, как надо работать, может найти утешение в прекрасной русской пословице «Бедность не порок». Он ввел премии для тех, кто делал рейтинговые программы, но еще большего результата добивался именно такими яркими и емкими финальными фразами.

Если вы не владеете умением красиво говорить, просто последите за такими людьми и постарайтесь поучиться у них. Не бойтесь тренироваться, не бойтесь пробовать, никогда не думайте, что искусство общения — это «я прочитал книгу, прослушал курс аудиолекций и завтра стал другим». Нет! Это как мышцы в тренажерном зале. Нужно тренировать и пробовать, пробовать и тренировать, расти и учиться, уделять этому время и внимание — а иначе ничего не получится.

В финале не могу не привести последний пример. Недавно в Москве проходила научная конференция по нанотехнологиям. Основной доклад делал, естественно, Анатолий Чубайс, который отвечает в правительстве России за это направление.

Последняя фраза серьезного и глубокого доклада кому-то могла показаться странной.

Он сказал: «Ребята! (в зале сидели не студенты, а уважаемые люди. — *Прим. авт.*). Нам надо срочно принимать решение — что делать? Тем более что ответ на второй извечный русский вопрос — кто виноват? — уже давно найден!»

В зале секундная тишина, хохот, аплодисменты, переходящие в овацию.

Чубайс славно пошутил — и над собой, и над нашим обществом, которое так любит вешать ярлыки и искать виноватых.

ВЫВОДЫ

- ◼ Прежде чем выступать, надо продумать первую и последнюю фразу.
- ◼ Публика обычно хорошо воспринимает выступление, где начало и финал связаны друг с другом.

- Выбор первой и последней фразы зависит от цели вашего выступления, от аудитории, от вашего характера. Если не уверены — лучше не рисковать.
- Первая фраза должна быть короткой и сразу обратить на вас внимание аудитории.
- Последняя фраза — шутка, реприза или сильная эмоция, которая позволит аудитории ощутить себя единым коллективом. Главное — не терять позитивный настрой!

ЗАДАНИЯ

1. Вспомните историю из своей жизни, которую можно завершить фразой «Жизнь прожить — не поле перейти!» или любой другой знакомой пословицей.

2. Откройте любимую вами книгу и обратите особое внимание на начало и финал. Подумайте, почему именно эти слова были выбраны автором.

3. В компании друзей в момент общего веселья попробуйте одной короткой фразой привлечь к себе внимание, а затем удержать его, рассказав какую-то историю.

4. После любого вашего выступления поинтересуйтесь у знакомых вам людей, какие именно моменты им запомнились. Если они не смогут вспомнить, чем закончилось ваше выступление, — это плохо.

5. Научитесь смотреть новостные программы ТВ по-новому, то есть в любом сюжете обращайте внимание на первую и последнюю фразы журналиста. Вы обязательно увидите и почувствуете разницу между теми, кто умеет подавать информацию интересно, и теми, кто просто передает набор фактов, не заботясь о зрительском восприятии.

Глава 4

Паузы

Давайте поговорим о паузах. Не буду скрывать — это моя любимая тема. Дело в том, что процесс говорения, коммуникации — это, как вы и сами понимаете, не только слова. Люди общаются глазами, обращают внимание на голос, тембр, интонацию. Люди разглядывают вас, и если вы прекрасный оратор, но попали в джинсовом костюме на бал, то вряд ли кто-нибудь воспримет всерьез то, что вы говорите, — если, конечно, вы сами не обыграете эту ситуацию весело и достойно! Если вы начнете смущаться, все будут обращать внимание на ваш неуместный костюм, и никакими словами это не исправить, если только это не было задумано вами специально, с какой-то целью. Такое тоже вполне может быть, и даже бывает. Но в этой главе мы будем говорить о паузах.

МЕЖДУ СЛОВ

Паузы — один из инструментов так называемого невербального общения. Вербальное общение — это общение словами, а невербальное — это то, что остается между слов: жесты, мимика, взгляды и паузы. Паузы имеют смысл, и в руках опытного оратора это потрясающий инструмент. Если вы задали вопрос и сами сразу же ответили на него, считайте, вы потеряли аудиторию. Вот в самом начале (а мы с вами только что обсудили, как много это значит!) вы спрашиваете: «Знаете ли вы, сколько слов в словаре Пушкина?» — и держите паузу. Аудитория молчит и думает. Но если вы тут же сами отвечаете на свой вопрос, то люди расслабляются и понимают, что им можно просто слушать (или не слушать) оратора, так как вам совсем не интересно, знают они ответы на ваши вопросы или нет. Вы просто идете своим путем, сами по себе. А аудитория любит, когда ее уважают, когда ею интересуются, когда с ней общаются по-настоящему, а не для галочки.

Именно с паузы опытный лектор и опытный учитель начинают любое выступление перед аудиторией. Я очень люблю тот момент, когда паузой ставлю на место опоздавшего студента — просто не выношу, когда кто-то входит в аудиторию после меня. Все мои студенты об этом знают и стараются прийти заранее, но иногда опоздавшие все же бывают. Если человек входит, когда лекция уже началась, нарушается атмосфера в аудитории, а это абсолютно недопустимо. Но если такое случилось, я просто замолкаю, прямо на полуслове, и спокойно жду, когда опоздавший сядет на место. Вы не представляете, сколько он производит звуков, которые слышит каждый человек в аудитории, и как эти звуки и шорохи пугают его самого. Вот он ставит портфель, вот открывает тетрадь, вот достает ручку, вот скрипит стулом, вот снимает куртку или пиджак, а вся аудитория смотрит на него, все ждут. Я смотрю на часы и спокойно спрашиваю: «Как вы думаете, сколько времени вы у нас отняли? И как теперь нам поступить? Начать лекцию с самого начала или продолжать? Как вы думаете, сколько минут уйдет на то, чтобы в аудитории вновь возникла рабочая атмосфера?» Я непросто спрашиваю, я дожидаюсь ответа, то есть виноватого бормотания. Этот человек больше никогда в жизни не опоздает, он лучше придет на час раньше. Он вдруг почувствовал себя предметом всеобщего внимания, когда был к этому не готов, а это непростое испытание.

Так поступают все опытные школьные учителя — просто замолкают. Правда, если замолчал неопытный учитель, дети могут не обратить на паузу никакого внимания.

То же самое бывает, когда журналисты задают вопрос и замолкают. Это очень хороший прием, потому что вы задали вопрос, вам что-то ответили, а вы молчите, и это означает, что ответ вас не устраивает. Человек начинает рассказывать дальше. Кстати, чуть позже я расскажу байку на эту тему.

Последите внимательно за интервью Владимира Познера. Он часто так делает — задает вопрос, его собеседник что-то отвечает, он молчит и смотрит ему в глаза, и человек начинает говорить дальше, обычно это и бывает самое интересное. Потому что когда в ответ на вопрос он выдает то, что подготовил заранее, это совсем не то. А вот когда в ответ на молчание Познера он начинает развивать свою мысль, именно в этот момент он может сказать что-то неосторожное и очень искреннее.

Пауза, на мой взгляд, может иметь разное содержание. Вот неопытный учитель молчит в классе, когда все шумят, — это пауза растерянности, и ученики такого учителя «забьют». Часто хорошие педагоги, не имея опыта и навыков публичного общения, уходят из-за этого из школы. Но бывают паузы уверенности, когда все замолкают и возникает тишина, и в такие дорогие моменты я говорю: послушайте тишину, она тоже имеет звук.

Как передают тишину в кино? Скрипит снег, или поют птицы, или дует ветерок… Всегда есть какие-то звуки…

Попробуйте прямо сейчас замолчать и прислушаться. Я думаю, вы что-то услышите — там за окном что-то происходит, раздаются звуки улицы… Очень интересно вслушиваться в тишину. Каждый из нас знает такие моменты, когда вдруг остаешься один и прислушиваешься, и слышишь, как звучит тишина.

СКАЗАТЬ — И БЫТЬ УСЛЫШАННЫМ

Пауза — это замечательный инструмент, это «соус» к вашим словам и мыслям. Важно не гнать лошадей, не спешить. Плох тот оратор, который бездумно скачет от одной мысли к другой. Ведь человеку для того, чтобы воспринять услышанное, обязательно требуется какая-то «приправа». Поэтому никогда не надо пытаться сказать сразу все обо всем.

Надо сосредоточиться на чем-то одном, а дальше с помощью пауз, повторов, удачных реприз и шуток проводить по-разному, но только одну эту главную мысль, и тогда люди ее запомнят.

Трудно не сказать, трудно быть услышанным. И пауза в этом смысле может многое. Не страшно, если вы задумались над тем, что сказать дальше, — это не пауза растерянности, это пауза уверенного человека, который хочет найти правильное слово. Я, честно сказать, не люблю телесуфлер, потому что сейчас все наши дикторы, ведущие новостей, как бешеные, в одном и том же темпоритме, без всяких заминок читают новости, и это… Так в жизни не бывает, и зрители понимают, что что-то не так. Какой-то устремленный в камеру выпученный взгляд, который смотрит не в глаза, а чуть выше, чуть ниже… Значит, там действует суфлер. И чтение, чтение, чтение. А ведь чтение и говорение — разные вещи. Читаем мы глазами, а говорим, чтобы нас воспринимали еще и ушами. Значит, говорить надо как-то по-другому. Поэтому не торопитесь, думайте над словами, не бойтесь подержать паузу, цените ее. Хорошие ораторы даже готовят такие моменты — они говорят: «Сейчас я найду правильное слово», — и замолкают, и все начинают искать правильное слово. Задача хорошего оратора — втянуть аудиторию в процесс, в обдумывание новых слов, мыслей, эмоций. А для этого ему требуется определенный разбег, разгон, и после ярких фраз или при формулировании каких-то важных тезисов пауза бывает очень хороша. Посмотрите в телевизионных передачах: как интересно наблюдать за выступающими людьми, когда вдруг они задумываются. Вот остановили на дороге человека, задали ему вопрос: «Как бы вы потратили миллион долларов?» Пауза растерянности, человек думает, а потом говорит что-нибудь вроде: «Я не знаю, никогда не будет у меня миллиона», или «Отдал бы в детский дом», или еще что-то. Но для нас самое интересное — именно пауза, тот момент, когда он думал, потому что тогда он был искренен.

Но самое главное — в этот момент мы тоже о чем-то думали. Мы тоже искали ответ на этот вопрос, хотя нас никто не спрашивал!

Так что *пауза — это способ добиться полного внимания аудитории без каких-либо лишних призывов.* Пауза — это размышление над сказанным, пауза — это вопрос, пауза — приглашение к сотрудничеству.

ВЛАДЕНИЕ ИНСТРУМЕНТОМ

В каких случаях надо использовать паузы, если иметь в виду разные цели выступления?

Если мы хотим дать кому-то нужную информацию, хорошо бы для начала понять, насколько слушатели с нею знакомы. Для этого можно даже не спрашивать их об этом, а задать наводящий вопрос и поймать в ходе паузы настроение аудитории. Просто выдержите паузу и посмотрите. Вы должны почувствовать волну поддержки, интереса и одобрения, это же процесс почти химический, он в воздухе, но он чувствуется, как любовь. И тогда вам будет легче говорить. Это в некотором смысле проверка, это как… саперный инструмент, когда ищут мину. Вы что-то такое сказали, и в момент паузы становится понятно — то или не то.

Так что не торопитесь, не старайтесь высказаться сразу, быстренько и по делу. Ведь это вам может казаться, что все «по делу», а потом выяснится, что публика совсем не была готова к сказанному. В момент паузы посмотрите, как идет процесс, воспринимают или не воспринимают вас люди.

Если надо побудить к действию, роль паузы трудно переоценить, но передержать ее — значит потерять аудиторию. Поэтому любые пафосные слова хорошего оратора, публичного политика, сначала высказываются громко и темпераментно, а уж потом выдерживается пауза. И, конечно, она обязательна после ярких лозунгов — для аплодисментов, для восторгов, для криков. Необходимо, чтобы политик умел делать такие паузы. Обратите внимание, и вы сразу заметите их в выступлениях любых настоящих политиков.

Если вам надо произвести впечатление, будьте, пожалуйста, осторожны, потому что в этом случае ваша пауза может быть вос-

принята как проявление растерянности. В то же время вам надо
думать перед тем, как отвечать, и тогда ваша пауза — даже недолгая! — будет характеризовать вас как человека размышляющего.
Вас спрашивают: «Сколько бы вы хотели получать за данную работу?» Не надо сразу говорить: «Пять тысяч долларов и ни цента
меньше», — ни в коем случае. Выдержите паузу и скажите, что для
вас деньги имеют значение, но это не главное. Вы выиграете, может, даже получите больше, чем предполагаете. Ведь любой грамотный работодатель оценит ваше умение подумать прежде, чем
ответить, а это означает, что надо научиться держать паузу — раз,
два, три — и после этого говорить.

Кстати, и скажете гораздо лучше, потому что в эти три-четыре
секунды у вас будет возможность подумать, что именно вы хотите
сказать.

А вот если вам надо доложить результат, я бы советовала избегать лишних пауз. Такого рода сообщения готовятся по плану
и ценятся именно за темп и ритм. Пауза предполагает эмоциональный контакт, это, как мы говорили, соус, а такое блюдо, как доклад,
в нем не нуждается. В этом случае паузы могут вам навредить.

Для того чтобы поддержать компанию, требуется, конечно, искусство рассказчика. А оно подразумевает паузы. Я специально
обращала внимание на Радзинского, Вульфа, Задорнова, а если
говорить про старые записи, то можно вспомнить Ильинского,
любимого мною Андроникова — как они выдерживают паузы!
А как хорошо молчит Виктор Шендерович!

Те, кто не держит паузы, не дают слушателям возможности как
следует посмеяться. Правда, Шендерович рассказывал мне, как это
ужасно, когда скажешь какую-то реплику или шутку и держишь
паузу, а в зале никто не смеется. Для сатириков и юмористов это
кошмар, но каждый из них проходил через него, потому что этому
надо научиться — произносить последнюю фразу, выдавать в зал
импульс: вот сейчас я буду молчать, а вы будете смеяться, а я даже
не улыбнусь в ответ…

Но когда люди овладевают этим искусством, это, конечно, потрясающе, эти паузы, они становятся… просто бесценны!

Хороший рассказчик вообще говорит немного, зато он прекрасно манипулирует публикой — с помощью пауз, интонаций и, конечно, глаз и мимики. Как правило, хорошие рассказчики харизматичны. А такие люди всегда многослойны, поэтому паузы в их выступлениях присутствуют непременно.

«ГРОМКАЯ» ПАУЗА

Чтобы понять, умеете ли вы держать паузу, я советую начать с записи какого-либо своего рассказа на диктофон. Наверняка результат окажется не таким, как вы думали. Как правило, люди переоценивают, или наоборот, недооценивают себя. Во время прослушивания нам обычно не нравится все: и голос, и тембр, и сам процесс произношения слов. Запишите пересказ какой-нибудь понравившейся вам газетной статьи. В школе это упражнение называлось изложением, помните? Или попробуйте пересказать фильм. Посмотрите, получаются ли у вас интересные зачины и финалы, держите ли вы паузы?

И тогда вам будет понятно, как работать в этом направлении дальше.

К сожалению, часто бывает, что во время паузы человек говорит «э-э-э», причем сам он этого не замечает. Я называю такую паузу «громкой» и очень советую как можно скорее от нее избавляться, так как она имеет исключительно отрицательную окраску.

Это не приглашение к сотрудничеству, это насилие над аудиторией, которая мечтает, чтобы оратор «родил» наконец-то слово, которое он с таким напряжением ищет.

Избавиться от «громкой» паузы бывает трудно даже профессионалам. У меня было много учеников, которые так и не смогли победить этот недостаток и, к сожалению, смирились с ним.

Дело в том, что для сражения с дурной привычкой требуется выработать новую — хорошую. А они не так-то быстро меняются, на то они и привычки, чтобы приклеиваться намертво. Помните у классика: привычка — вторая натура.

А нам надо ее изменить!

И все же были в моей практике люди, которые научились слышать свою «громкую» паузу и сумели избавиться от нее.

Они много записывали себя на диктофон, ставили диагноз — в каких случаях появляется противное «э-э-э» или «а-а-а», и научились контролировать такие моменты.

Людей без недостатков не бывает, ораторов — тем более. Задача умного человека, который понимает важность эффективного общения, — определять свои недостатки и достоинства, работать над тем, чтобы развивать лучшее, и над тем, чтобы сводить на нет худшее. Чем больше недостатков — тем больше требуется работы, это вполне понятно.

Под занавес — обещанная байка про паузу. Это одна из моих любимых историй. В моем учебнике для тележурналистов она приводится как профессиональный пример. Байка такая. Сенатор в Америке проштрафился. Он был замечен в коррупционном скандале, об этом написали газеты, и, естественно, у владельца CBS возникло желание пригласить этого человека в прямой эфир. Но вся его команда и пресс-служба возражали. И тогда руководители компании обратились все к тому же знаменитому Ларри Кингу — может быть, ему приписывается эта история, а может, все так и было — с просьбой пригласить опального сенатора в прямой эфир программы «60 минут». За это интервью тележурналисту предложили миллионы долларов. Тот согласился при условии, что ему дадут право делать все так, как он сочтет нужным. И что вы думаете?

Он приглашает этого сенатора в прямой эфир на День матери. Почему на День матери? Потому что у сенатора, и это было хорошо всем известно, хорошая мать, он прекрасно воспитанный человек, у него хорошая семья, и в День матери он мог бы обо всем этом рассказать. Пресс-служба сенатора решает, что это будет отлично, никаких скандалов — спокойный эфир у знаменитого Ларри Кинга. Но вот что происходит дальше. Сенатору присылают вопросы — так принято в Америке. Вместе с пресс-службой он продумывает ответы. Первый вопрос такой: «Правда ли, что именно мать повлияла на всю вашу карьеру, на ваши успехи?» Естественно, планируется рассказ о его замечательной маме. Следующий вопрос: «Кто выбирает вам рубашки и галстуки — мама или ваша замечательная жена?» — и т. д.

Приходит он в студию, идет прямой эфир, сидит Ларри Кинг, задает ему первый вопрос. Сенатор рассказывает про маму все, как договорились, как отрепетировали. Ларри Кинг закуривает свою знаменитую сигару, закидывает одну ногу на другую… У него длинные такие ноги, сидит, смотрит внимательно на сенатора и молчит. Сенатор решил, что Ларри забыл второй вопрос и задал его себе сам: «А если вас интересует, кто выбирает мне рубашки и галстуки, то это делает моя жена и еще две мои замечательные дочери, у них тоже прекрасный вкус». Ответил. Ларри Кинг кивнул, снова затянулся, перекинул ноги с одной на другую и молчит в ответ. Абсолютная пауза. Ну, и так продолжалось минут 15. А ведь эфир длится 60 минут. И сенатор не выдержал и сказал: «Вы что, тоже думаете, что я замешан в этом скандале? Что вы себе позволяете, почему вы со мной не разговариваете, вы что, не знаете, что я тут совершенно ни при чем?!» Ну и так далее. И дальше пошел разговор на ту тему, которая и интересовала журналиста. В результате пресс-служба сенатора подал в суд на Ларри Кинга — мол, был договор об одном, а эфир прошел совсем про другое. Но судья прослушал пленку и сказал: «Так это ваш сенатор сам заговорил, вы посмотрите, Ларри Кинг, кроме первого, не задал ни одного вопроса!» Такова великая роль паузы! Один человек в студии чувствовал себя абсолютно уверенно, расслабленно и заранее подготовился. Просто держал паузу. А второй человек оказался совершенно не готов. И пауза стала для него смертельным оружием. Хорошая история, правда?

ВЫВОДЫ

- ◼ Роль паузы в любом выступлении огромна, но в каждом отдельном случае у паузы бывает своя роль.
- ◼ Надо отличать паузу растерянности от паузы уверенности.

- Если вы задали вопрос аудитории, сумейте дождаться ответа. Пауза сама по себе может быть вопросом.
- Пауза — прекрасный помощник в управлении залом и поддержании дисциплины.
- «Громкая» пауза, то есть мычание между словами, — огромный недостаток, от которого надо избавляться!

ЗАДАНИЯ

1. Попробуйте перечислить, какие средства есть в распоряжении оратора помимо слов. Подумайте над этим применительно к себе.

2. Выполните упражнение «изложение» и запишите себя на диктофон. Определите, есть ли у вас «громкая» пауза и как часто вы используете паузу для того, чтобы рассказ звучал интересно.

3. Спросите своих друзей, умеете ли вы слушать собеседника, не перебиваете ли в самый важный момент? Обычно паузу хорошо держит только тот, кто умеет слушать.

4. Задайте вопрос, но после ответа посмотрите внимательно в глаза собеседнику и продолжайте молчать. Вы должны добиться того, чтобы человек начал сам давать более подробные объяснения.

5. Если во время вашего выступления кто-то некстати рассмеялся или вдруг вынул из сумки включенный телефон — резко, на полуслове, замолчите и держите паузу до наступления полной тишины.

Глава 5

Голос, тембр и дикция

Голос — важный инструмент оратора. Это как пианино, баян, аккордеон, скрипка, виолончель.

Когда мы говорим, люди на нас всегда реагируют, причем не столько на «что», сколько на «как». Наш голос — он же звучит и вызывает эмоции! А какой тембр воспринимается лучше всего? Как правило, в любой аудитории отвечают: чем ниже голос, тем приятнее он звучит.

Голос может идти как бы изнутри, быть поставленным, как у артистов. Но артисты занимаются этим специально — в театральных училищах есть специалисты, которые ставят голос. Есть люди, говорящие «горлом», а есть те, кто говорит грудным голосом, то есть на уровне диафрагмы, — это звучит гораздо приятнее. Голоса, как и инструменты, могут звучать по-разному. Можно сыграть «Собачий вальс» на двух нотах, а можно использовать все возможности контрабаса, или органа, или пианино.

Высокий голос, да еще горловой, да еще нестабильный — то вверх, то вниз, — сильно раздражает слух. С этим ничего не поделаешь, это физиология. И об этом надо помнить.

Есть мужчины, которые стесняются своего высокого голоса. Я знаю юношу, которого не приняли в церковно-приходское училище только из-за голоса, и он сражался с этим и работал над голосом. У меня часто учатся журналисты, которые имеют профессиональные комплексы, связанные с тем, что их переозвучивают. То есть приглашают других людей прочитать тексты, написанные этими журналистами к своим сюжетам. Но если голос за кадром звучит неуверенно, по-детски, да еще и «гуляет» — переозвучка необходима.

Зрители не смогут нормально воспринимать сюжет, если их будет раздражать голос за кадром.

Что означает «голос гуляет?» Любой звукооператор покажет вам это на своих компьютерах. Поставленный и непоставленный голоса различаются амплитудой: уверенный, поставленный голос работает на одной частоте и не мучает нас — вверх, вниз, — а если и меняет частоту, то это делается специально, чтобы вызвать какую-то реакцию.

Как же добиться того, чтобы голос был приятен для слуха, и возможно ли это? Знаете, со временем я все больше и больше убеждаюсь в том, что добиться можно всего. Просто чем серьезней проблема, тем больше нужно трудиться над ее решением, вот и все. И если есть проблемы с голосом, надо просто с ним работать.

ВСЛЕД ЗА ПРЕКРАСНОЙ ЛЕДИ

На занятиях для телеведущих я рассказываю историю про одну девушку из провинции, очень хорошенькую. Она уехала в Москву, работала на федеральных каналах, в том числе на канале «Домашний», куда попасть совсем не просто. Но в ту пору, когда она пришла диктором на местное телевидение, у нее был очень высокий голос. И она сделала его ниже на семь нот — то есть на целую октаву! Для этого она занималась с педагогом из театрального училища. На семь нот ниже — это почти что подвиг!

Помните фильм «Моя прекрасная леди», где девушку учили говорить ровно и красиво? Камешки за щекой, специальные упражнения. «Карл у Клары украл кораллы», «Шла Саша по шоссе» — вы все знаете эти скороговорки. Это очень полезные упражнения. Человек, который знает, что ему приходится говорить публично, и хочет производить нужное впечатление, безусловно, должен уделять им внимание.

ВАШ ГОЛОС — ВАШ БРЕНД

Что делать, если вы, например, картавите? Или заикаетесь и никак не можете справиться с этой проблемой? Мой сын только что рассказал историю. У него на работе в Москве есть молодой парень, очень интересный, который заикается и, невзирая на все попытки, не может вылечиться. Мой сын говорит, что этот парень — большой начальник, очень образованный человек, и когда он выступает на правлении, все спокойно ждут, когда он выскажется, — настолько дорого то, что он говорит. Более того, паузы, которые он делает, привлекают к нему еще больше внимания.

Картавые журналисты — можно или нельзя? Я всегда говорю — нельзя. Но из каждого правила бывают исключения. Есть на Первом канале военный корреспондент Антон Степаненко. У него особая, мягкая картавость, которая делает самые мужские военные репортажи немного домашними, простыми, и это, на мой взгляд, хорошо. Его любят, в том числе, и за эту особенность.

У Елены Масюк, знаменитого тележурналиста-расследователя, очень высокий голос и особенный тембр. Журналисты на семинарах часто спрашивали, почему она сама озвучивает свои расследования? Но я точно знаю, что люди в своих домах подходили к экрану, услышав именно ее голос. Этот голос — ее бренд. Есть люди, которые настолько интересны и настолько хорошо говорят, что даже несомненные недостатки становятся их достоинствами.

Виталий Вульф говорит тяжело, задыхается, делает долгие паузы, иногда вынужденные. Но телезрители ждут его рассказов о наших любимых звездах киноэкрана и почти не замечают недостатков его речи.

У Эдварда Радзинского тоже высокий сложный тембр голоса, но кого это волнует?

минуточку!

Получается, встречают по голосу — провожают по уму? И если можно не заниматься устранением речевых и голосовых недостатков, то о чем вообще разговор? Принимайте меня таким, какой я есть, — замечательный принцип. Любимый принцип всех лентяев.

Но поверьте, все успешные публичные ораторы стараются изо всех сил говорить ясно, ровно, красиво, четко выговаривая слова.

Они не позволяют себе расслабиться, добиваясь максимального возможного эффекта. А недостатки приходится перекрывать такой харизмой, которая дана немногим.

Так что, *если есть возможность сделать ваш голосовой инструмент более комфортным для слушателей, надо этим заниматься.*

СОВЕТЫ НА ЛЮБОЙ СЛУЧАЙ

В этой главе мне не придется давать какие-то специальные рекомендации для разных целей выступления. Потому что все, о чем здесь написано, относится к любому случаю. Дикция, голос — это всегда важно. Инструмент не должен фальшивить!

Какие я могу дать советы? Смешно, когда говорят: надо как можно больше пить и курить, и голос будет низким и приятным, как у Татьяны Догилевой, Владимира Познера, Юрия Яковлева, Аллы Пугачевой или Фаины Раневской. Я думаю, что никакой связи между вредными привычками и качеством голоса нет. (И Боже упаси, если вы подумали, что все вышеперечисленные уважаемые люди пьют и курят — совсем наоборот!) Не надо идти по этому пути. А вот петь… Когда-то умные люди в Останкино посоветовали мне делать именно это. Голос у меня от природы не высокий и не низкий. Он стал ниже путем тренировок, и более поставленным, более ровным — тоже благодаря работе над ним. В том числе благодаря тому, что один человек мне когда-то сказал: «Нина, надо петь».

Делать этого я не умею. Слуха у меня нет. Конечно, петь я люблю, но мучить окружающих своим пением стесняюсь. Он говорил: «Пой, пока моешь посуду. Пой, когда укладываешь детей спать. Дети любят, когда мама поет». И я так и делала. Пою в машине всегда, когда еду. Мой бедный водитель уже, кажется, к этому привык и нервничает, если я молчу. Пение действительно способствует укреплению голоса и правильной постановке дыхания.

Кстати, о дыхании. Знаете ли вы, что говорить нужно только на выдохе? К сожалению, даже дикторы нашего российского телевидения, даже знаменитые, даже обладатели ТЭФИ, набирают воздух в легкие и говорят: «Сейчас я расскажу вам новости». Глубокий вдох всегда слышен, и это очень неприятно.

Поэтому лучше выдержать паузу, не щелкать губами. Если пересохли губы — можно попить воды. А набирать воздух надо через нос, так, чтобы этот процесс был незаметен, не слышен никому, даже через микрофон.

Конечно, если у вас простуда, а вам надо говорить, лучше сразу сообщить об этом слушателям или зрителям. Так делают все наши знаменитые телеведущие, например, Михаил Осокин, который как-то кашлял и чихал в эфире НТВ и очень извинялся. И его за это полюбили еще больше, потому что это хороший прием для оратора, когда он делится со слушателем своей проблемой.

Но надо знать меру, потому что если вы каждые две секунды будете говорить публике: «Ой, я так волнуюсь, так волнуюсь», — то в результате вас просто прогонят с трибуны. Ведь если вы так волнуетесь, зачем вообще вышли выступать? Так что сообщить о своей проблеме и извиниться можно один раз, не больше.

Но вернемся к голосу. Знаете ли вы свой голос? Может быть, вам кажется, что у вас все хорошо… Давайте еще раз вспомним о том, что любой человек, который держит в руках эту книгу (а значит, ему небезразлично, как он говорит), должен обязательно провести тестирование, сделав запись на диктофон и прослушав собственный голос.

Он вас удивит, это точно. Он просто другой — не такой, как вы думали! Он другой, потому что мы слушаем один голос, а люди слышат другой. К этому надо привыкнуть. Внешность через телеэкран, через телекамеру тоже воспринимается иначе. Я много раз этому удивлялась и удивляюсь до сих пор. У меня бывают такие замечательные лица на семинарах телеведущих. А через камеру — обычные. И наоборот — лицо какое-то неправильное, а через камеру — супер! Так же и голос. Поэтому, если мы говорим о голосе как об инструменте, послушайте сначала, какой он. Дальше сделайте упражнение, о котором я уже говорила, — пересказ фильма, книги, какой-нибудь истории. Послушайте, как вы управляете своим голосом, как используете его. Низкие, эротичные нотки всегда действуют очень хорошо, звучат для уха мягко, приятно — попробуйте их нащупать, расслабьте голос. Подержите паузу, посмотрите, откуда он идет. Поделайте разные упражнения. Попробуйте говорить побыстрее, помедленнее…

Люди все время слышат ваш голос. Вы либо привлекаете им, либо отталкиваете. И, как мы только что с вами договорились, из любого неправильного инструмента можно путем тренировок сделать правильный. А значит, надо идти по этому пути. Итак, надо петь — как можно больше. Разные песни — и популярные, и романсы, какие вам нравятся. Почему? Потому что во время пения — заикание, кстати, тоже лечится пением — вы тренируете голосовой инструмент.

Часто люди не знают о том, что у них хроническое несмыкание связок, иногда еще с детства. Когда-то они простудились, потеряли голос, потом его обрели, но это был уже не тот голос. Это плохо, так как ваш голос может подвести вас в любой момент. Охрипнуть на середине выступления или вообще — пропасть.

Каждый педагог знает, что такое «усталость» голоса. Связки напрягаются, говорить становится трудно. Хорошо бы сходить к фониатру и провериться. Это вполне безобидная процедура с высовыванием языка, с произношением буквы «и». Каждый певец, каждый актер прекрасно знает, что это такое. Фониатры — это не ухо-горло-нос, это особые врачи. Они очень хорошо разбираются в инструменте под названием «голос» и могут дать вам профессиональные медицинские советы.

А еще я часто советую своим ученикам просить предусмотреть микрофоны для оратора.

Микрофон позволяет говорить тише, дает гарантию того, что люди на задних рядах услышат ваш голос. Правда, с другой стороны, микрофон занимает ваши руки, и с ним надо уметь работать.

Иногда неопытные ораторы подносят микрофон слишком близко к губам, и публика мучается от непрерывных «захлебываний», а иногда вообще не может разобрать слова. Так что будьте осторожны и всячески старайтесь «воспитать» голосовой аппарат и укрепить его.

Теперь что касается дикции. Я хочу, чтобы вы понимали: плохая дикция — когда люди напрягаются, чтобы понять, что вы сказали, и не решаются попросить вас повторить еще раз — это проблема ваша, а не окружающих. Например, вы что-то сказали подчиненному и ушли, а он вообще не понял, чего вы от него хотели. Есть такие распространенные ошибки говорения, как проглатывание окончаний слов, невнятная речь. Иногда люди не понимают слишком быструю речь. Ваши близкие привыкли к ней, а вот другие — нет. Если вы хотя бы знаете за собой такие вредные привычки, как слишком торопливая речь, проглатывание окончаний, то это уже хорошо.

Следующее, что вам нужно сделать, — начать следить за собой и вдумчиво и регулярно работать над устранением недостатков. Я думаю, что любому человеку было бы полезно взять несколько уроков техники речи или прочитать книгу по этому предмету. Обычно это специальная литература для тех, кто учится на актеров, но она полезна всем. В театральных вузах и школах людей учат быть публичными. А это означает владение словом, владение телом, уверенность. Если этому учат — значит, этому можно научиться! С помощью профессионалов и с помощью хорошей специальной литературы.

Кстати, в театральных училищах проходят и предмет под названием «сценодвижение», то есть науку об управлении своим телом. Мне, например, очень обидно за всех нас, в частности за себя и моих дочерей, потому что нас, в отличие от моей бабушки, не учили ходить и танцевать. Нас учили чему-то другому. Но ведь это жизненно важные предметы! Потому что страдаем-то мы как раз из-за этого неумения. Женщина должна ходить легко и красиво, нести спинку, держать головку. Этому раньше учили в женских гимназиях. Должна уметь говорить певуче, низким приятным голосом. Этому тоже учили. И не случайно в хороших школах всегда и всех — юношей и девушек — учили петь и музицировать. Не случайно в пушкинском лицее всех учили писать стихи, потому что стихосложение — это развитие навыков русской литературной речи. Об этом мы более подробно будем говорить чуть позже.

А сейчас просто запомним, какие несколько шагов вам надо сделать, если вы хотите поработать над своим голосом.

Шаг первый — тест. Записываем, слушаем, снова записываем. Снова слушаем.

Шаг второй — фокус-группа. Надо спросить своих друзей, знакомых, сослуживцев, а еще лучше совсем незнакомых людей (в удобной ситуации, естественно!) — как воспринимаются ваш голос, тембр, скорость речи, интонация.

Шаг третий — посещение фониатра и получение медицинских рекомендаций.

Шаг четвертый — обучение у специалистов или самообучение с обязательным контролем — то есть снова запись, снова опрос… И так до тех пор, пока не будет выработана привычка говорить ровно и красиво, правильно дышать и четко произносить звуки.

ТАКАЯ ВАЖНАЯ ИНТОНАЦИЯ

Об интонации надо сказать отдельно.

Она может быть упругой, уверенной, командирской: «Я хочу вам сказать!» И может быть плавной, усыпляющей, расслабленной.

При этом один и тот же текст, произнесенный с разной интонаци-ей, может быть принят на ура или не воспринят совсем. Если перед вами сидят заинтересованные люди, а вы перешли на командный тон, они перестанут вас слушать. И наоборот. Если аудиторию нужно собрать и побудить к действию, а вы ее усыпляете, то вряд ли добьетесь успеха.

Есть инструмент в виде голоса. Есть тембр, определяющий ком-фортность его восприятия слушателями. Есть дикция, и от нее зависит, сумеют ли люди уловить вашу мысль. И есть интонация — это то, как вы подадите блюдо в виде ваших слов.

Интонация вообще очень важна. Люди порой не могут потом пересказать, что говорил оратор, но слушают его с огромным вни-манием, с энтузиазмом. Значит, у него очень приятный тембр го-лоса и очень правильно выбрана интонация, поэтому-то его хотят слушать еще и еще.

Какими словами можно определить ту интонацию, которую легко и с радостью воспринимают слушатели?

Во-первых, спокойствие. Это всегда действует.

Во-вторых, уверенность, это необходимо.

В-третьих, энергия, энтузиазм, пусть и не столь явный, но вну-тренний заряд.

Вспомним священников! Их очень хорошо обучают технике речи, потому что люди часто ходят в церковь вовсе не потому, что они вслушиваются в слова молитвы. Они слушают человеческий голос как музыку. То есть прежде всего люди реагируют именно на интонацию. Они получают покой и укрепляются в своей вере в лучшее. А оперные постановки? Там же слова, которые никто не слушает, тем более что их трудно разобрать. Слушают, как звучит голос, невероятной красоты симфония из человеческих голосов. До оперы надо дорасти.

Меня пронзило, когда я впервые услышала настоящие потря-сающие голоса, итальянскую оперу. Ощущение восторга захватило просто до нутра!

Когда человек выступает перед аудиторией, он должен пони-мать, что претендует на то, чтобы сидящие перед ним люди слушали и воспринимали его — не только ушами, но и головой, сердцем, душой. Значит, он обязан действовать грамотно, пользоваться всеми инструментами, которые есть в его распоряжении. А для этого нужно, чтобы они были в хорошем рабочем состоянии и чтобы оратор точно знал, как ими пользоваться. Поэтому пойте, проверяйте свой голос, обращайтесь к специалистам, берите уроки, если считаете, что это необходимо. Я думаю, что это нужно всем. Читайте соответствующие книги, а главное — тренируйтесь. И это как раз то, что не требует много времени. Под душем — пойте. Идете по улице, ведете машину — произносите скороговорки. Тренируйте дикцию, голос, тембр, ищите свою интонацию.

ВЫВОДЫ

- Надо обязательно тренировать голос, делать его ровным и низким, говорить «диафрагмой» — тогда ваша речь будет хорошо восприниматься аудиторией.
- Пение — один из доступных способов поставить голос и укрепить его.
- Плохая дикция — мучение для окружающих людей, серьезное препятствие для восприятия речи.
- Интонация может и кардинально поменять смысл сказанного, и усилить впечатление от вашей речи.
- Врожденные или неустранимые недостатки дикции, голоса, тембра можно перекрыть качеством содержания вашей речи, вашим уровнем интеллекта и репутацией.

ЗАДАНИЯ

1. Выберите пять скороговорок попроще и добейтесь четкого их произношения. Далее выберите следующие пять, посложнее, и т.д.

2. Произнесите фразу «Мы пойдем сегодня в театр» в десяти разных вариантах — с интонацией от вопросительной до пафосной.

3. Попытайтесь петь караоке, но для начала — без слушателей. Запишите себя, чтобы понять, насколько ваше пение может быть «публичным».

4. При первой же возможности попытайтесь поработать в аудитории с микрофоном, попросите кого-нибудь сообщать вам о качестве звучания вашего голоса через микрофон, выберите нужную дистанцию и правильный угол направления дыхания.

5. Попробуйте говорить только на выдохе, контролируйте себя.

Глава 6

Владение словом

Не важно, на каком именно языке вы выступаете, — важно, как вы используете его возможности. Конечно, чаще всего нам приходится общаться на родном русском, но бывает у деловых людей нашего времени необходимость сделать сообщение на английском.

Как приятно видеть и слышать блестящее владение иностранным языком!

Однажды довелось мне побывать в компании молодых российских медиаменеджеров в Америке. Нам рассказывали об особенностях американского телепроизводства, перед нами выступали звезды эфира — было захватывающе интересно. Сложности возникали только с переводом. Американцы скучали и нервничали, пока не очень умелый переводчик пытался объяснить нам смысл их речей.

Но вот руку поднял Роман Петренко, генеральный директор ТНТ, и заговорил на прекрасном английском. Все оживились, переводчик пытался открывать рот, но оказалось, что две трети зала прекрасно понимают английский, а есть и такие, кто говорит на нем легко и свободно, как на родном русском.

Однажды моего хорошего друга иностранцы похвалили за владение языком. Ему сказали: как хорошо вы говорите на английском! Он грустно ответил: просто вы не знаете, как я говорю на русском...

Но, к сожалению, даже среди профессиональных коммуникаторов, то есть среди журналистов, политиков, депутатов, пиарщиков, все реже встречаются люди, умеющие красиво, точно и качественно говорить.

И знаете почему? Потому что без этого легко можно обойтись. Можно идти вверх по служебной лестнице и нормально «решать» вопросы.

ОТ ПУШКИНА ДО SMS

В последнее время с языком происходит что-то опасное. Всегда, конечно, существовали сленг, неологизмы, какая-то бравада в языке и клейкие словечки: «прикольно», «круто», что-то там еще...

Помню, Немцов любил употреблять слово «полувяло» — интересное, кстати. Но иногда такие словечки намертво прилипают к человеку, и когда они произносятся по любому поводу, это уже, как говорится, перебор.

Конечно, большое влияние на язык в целом оказывает полуграмотный язык общения, использующийся в SMS, чатах, социальных сетях в Интернете. С этим ничего не поделаешь, я не сторонник запретов.

Но угроза грамотной русской литературной речи со стороны «новояза», безусловно, существует.

Другое дело — насколько серьезна эта угроза и какие последствия для языка может иметь то, что абсолютное большинство населения говорит плохо, коряво, скудно...

Наша книга не ставит целью подробно разбирать эту ситуацию — это задача других авторов.

Но мне хочется обратить внимание читателя на то, что существуют две полярные точки зрения.

Первая: языку ничего не страшно! Он переживет любое влияние и все искажения, потому что, как могучая река, способен к самоочищению.

Сторонники этой точки зрения приводят простой пример: в XIX веке носители культуры — дворяне — лучше говорили по-французски, чем по-русски.

И что? Именно в это время появилась великая русская литература и был создан тот язык, которым мы по праву гордимся.

Сторонники другой точки зрения уверены, что язык напрямую зависит от того, как им пользуются, и значит, его надо спасать!

Смесь «французского с нижегородским» он пережил, а вот смесь «английского с матерным» может и не пережить! Так считают многие люди, среди них — известные писатели и журналисты.

Конечно, то, что происходит с русским языком, очень серьезно. Мне кажется, и языку, и литературе плохо учат в школе, и возникает замкнутый круг. Не очень грамотные родители, которых учителя в свое время отпугнули от хороших книг, воспитывают в том же ключе своих детей.

Меня не столько пугает матерный язык, который все больше и больше проникает даже на радио, телевидение, в газеты, сколько волнует неграмотное обращение с языком и сужение его рамок.

Подсчитано, что словарь Пушкина насчитывал 38 000 слов. А большинство из нас использует всего от полутора до двух тысяч. Люди, которые умеют говорить красиво, используют в среднем пять-семь тысяч слов. Помните Людоедку Эллочку — сейчас она казалась бы просто великолепным оратором в сравнении с некоторыми людьми, которые обходятся в повседневной жизни тремя-четырьмя словами и не понимают того, что, во-первых, обкрадывают себя, а во-вторых, влияют на жизнь общества в целом. Ведь владение языком определяет культуру общения, дарит радость освоения мира.

Недавно я прочитала в Интернете, что сейчас в Москве и Питере опять стали модны литературные вечера.

Многие люди общаются в блогах на очень хорошем грамотном языке, по-прежнему есть те, кто любит поэзию.

Но боюсь, что процент такой молодежи очень мал. А ведь человек, который умеет вставить в свою речь красивую поэтическую строку, человек, который просто вкусно говорит, с хорошими яркими примерами, находя нужные точные слова, всегда обречен на успех. Даже когда он встает, еще не зная, что сказать, его все равно будут слушать. И он обязательно «вывернет» на правильное слово, потому что у него есть такая возможность. В его внутренней «библиотеке» огромное количество «книг» — разных слов, фраз, афоризмов и собственных мыслей, которые он может выразить. А ведь самое страшное, когда человек встает, и ему хочется очень многое сказать, а слова-то привычные — круто, прикольно, — и никаких других нет...

КАК ВЫУЧИТЬ РОДНОЙ ЯЗЫК?

Бытует такая обманчивая уверенность, что, раз мы говорим на языке, значит, владеем им. Это не так. И говорим мы не на русском языке, а в основном на бытовом сленге. А на хорошем русском языке говорят министр иностранных дел Лавров, журналисты Леонид Парфенов, Владимир Познер, Светлана Сорокина.

Мой друг Георгий Молокин в конце 1980-х гг. был директором Горьковского телевидения. И все, включая операторов, уборщиц, техников, бегали на творческие летучки, хотя совсем не должны были этого делать.

На летучках обсуждались программы, вышедшие в эфир на неделе. Яблоку негде было упасть, люди стояли в проходах, сидели на полу. Это не преувеличение, это правда. И все специально приходили для того, чтобы послушать Молокина.

Сначала он давал слово другим ораторам. Потом возникала пауза, как в театре, когда поднимается занавес.

А потом он вдруг начинал читать «Домик в Коломне». Или вспоминал Чехова и какое-то письмо Тургенева.

И так к месту все это было, что сама обсуждаемая программа становилась уже не столь важна. Все слушали и наслаждались. Это как хорошее пение, хорошая музыка.

Удивительно, когда человек так владеет словом. И если вам не повезло в жизни — не было рядом с вами никого, кто вовремя стал бы общаться с вами на грамотном русском языке, — вы должны понимать, что одних книг будет недостаточно.

Есть много людей, которые читают книги, а сами говорить не могут.

Есть пассивное владение языком, и есть активное.

Но представим, что в вашем окружении есть человек, которому вы готовы платить деньги просто за то, чтобы слушать, как он говорит. Как сделать так, чтобы это случилось и с вами — чтобы вы вдруг тоже заговорили на красивом русском языке?

Совет первый. Предлагаю начать писать стихи, причем не такие: «С днем рожденья поздравляем, счастья, радости желаем» или «Тебе сегодня сорок лет, не знай никаких бед».

Что происходит в тот момент, когда вы пытаетесь сочинять стихи? Вы мучительно ищете подходящее по смыслу и чувству слово, да так, чтобы оно было в рифму.

Я могу говорить стихами, и это, кстати, тоже одно из упражнений. Если вы попытаетесь просто взять и начать говорить в рифму, это будет полезно.

В разных аудиториях я предлагала написать буриме, то есть подобрать слова к уже известной рифме. Эти рифмы придумываются заранее, и, как правило, они очень просты. Вот на столе стоит лимон. Пишем слово «лимон». Другое слово — «кислота». Дальше пишем столбиком слова «он» и «красота». Получилось «лимон — кислота — он — красота». А теперь попробуйте сочинить стихотворение. Это упражнение и называется буриме.

Давайте попробуем вместе:

> На окне растет лимон.
> Кислотища-кислота.
> А снаружи ярок он.
> Обманула красота!

Это только один из вариантов. Хорошо, когда несколько человек пишут буриме с одним и тем же набором рифм, — получается веселое состязание, и обязательно находится кто-то, у кого получается лучше всех.

Мне повезло. В нашей семье всегда играли в буриме, шарады, сочиняли стихи. Мои дети писали стихи, а теперь их пишут внучки. Мы никогда не называли это занятие поэзией. Просто, наученные родителями, всегда были уверены в том, что интеллигентный человек должен уметь играть со словами, чувствовать и подбирать их.

Совет второй. Играйте в литературные игры.

Недавно на занятиях с Кириллом Клейменовым, который возглавляет программу «Время», мы написали на доске слово «слово» и стали подбирать к нему глаголы. Кто больше подберет — тот выиграет. Какое же это было интересное упражнение, как мы состязались! Оказалось, что этих глаголов более двухсот.

Слова можно подбирать, можно играть с ними, переводить их, искать и т. д. — продолжите сами. Есть прекрасная игра «Эрудит» и разные ее варианты. Есть русская игра «Балда», в которой каждый участник говорит первую букву, и далее по кругу, но проигрывает тот человек, на котором заканчивается слово!

Очень хорошие упражнения и игры со словами есть на портале «Грамота.ру». Ими можно заниматься в любое время дня и ночи, было бы несколько свободных минут. Возьмите любое слово, составьте из него другие слова — это очень полезно, потому что поддерживает ваш словарный запас.

Кстати, на этот портал каждый день заходят не менее 60 тысяч человек, это обнадеживает. Но есть и другая информация: как минимум половина из них — наши соотечественники, живущие за рубежом. Возможно, эти люди острее чувствуют необходимость поддерживать уровень родной культуры.

На одной из дискуссий во время «ТЭФИ-регион» я предложила аудитории слово «самопрезентация» и дала 10 минут на то, чтобы составить из него другие слова не короче четырех букв… И можете себе представить, через 10 минут известный журналист, колумнист «Известий» Ирина Петровская предложила более 80 слов, многие из которых состояли из шести-семи букв. Попробуйте, повторите — мне, честно говоря, это не удалось.

Совет третий. Читайте вслух.

Умение говорить требует тренировки. Я очень советовала бы вам читать стихи. Потому что — что такое стихотворение? Это музыка, составленная из слов. И она такая разная эта музыка, в разных жанрах. Блок, Пушкин, Маяковский — это музыка. Роберт Рождественский, — я им в молодости увлекалась, знала многое наизусть, — тоже музыка. Или — Пастернак.

Помните: «В тот день всю тебя, от гребенок до ног, как трагик в провинции драму Шекспирову, носил я с собою и знал назубок, шатался по городу и репетировал». «Шатался по городу»… Утонченный Пастернак и «шатался по городу» — такое вроде бы бытовое словосочетание. Можно представить этого человека, который слонялся по городу и репетировал — любимую девушку, то есть мечтал… Потрясающе!

«Остыло и стихло. И сорваны листья. И ветер лето унес. Но после отлива рапсодии Листа теплее в радости слез». Это стихи моего сокурсника, он рано ушел из жизни, не успел стать знаменитым, а мог бы.

Я очень люблю, когда поэты сами читают свои стихи, нараспев. Они, кстати, как правило, не любят, когда читают другие люди, даже знаменитые актеры, потому что чувствуют иначе. Как читает свои стихи Белла Ахмадулина! Прекрасно, виртуозно читает Евтушенко, он собирал огромные залы, и люди слушали поэзию — и смелую, и трогательную! Я его поэзию, особенно раннюю, очень люблю. А моя мама увлекается поэзией Серебряного века. Разное время — разные поэты.

Я читала, что знаменитый режиссер Эльдар Рязанов не засыпает, не почитав на ночь стихи. Причем он стеснялся предложить свои собственные стихи для фильма и принес их на съемочную площадку от чужого имени. А ведь это знаменитые строки: «У природы нет плохой погоды…»

Сочиняйте стихи своим любимым! Подбирайте слова. Если стесняетесь читать им свои, такие неумелые, может быть, первые стихи, читайте чужие, те, что вам нравятся. Ведь каждое стихотворение — это не просто взгляд поэта на жизнь, изложенный музыкально, через слова, это еще попытка достучаться до чего-то интимного в нас и вызвать наши эмоции. Это очень важно.

ИЩИТЕ СВОЙ СТИЛЬ

Хорошая, грамотная, вкусная речь — это замечательный способ завоевать аудиторию. А неграмотная, корявая речь, неудачно подобранные слова — путь в никуда. *Ни один оратор не будет успешным, если не будет думать о том, какие слова он использует, как точно их подбирает.*

Слушайте хорошие образцы. А главное — это самое трудное, но все-таки самое главное — пытайтесь сами говорить по-другому, не так, как вы привыкли.

Это всегда сложно — человек понимает, как надо, но опять и опять возвращается к привычному сленгу. Записывайте себя, слушайте, обращайте внимание на то, какие слова вам удаются. Ищите свой стиль.

Мой друг, оператор Михаил Сладков, говорит необычно. Ему скучно использовать привычные слова, он любит их чуть-чуть коверкать, менять. Получается очень свежо и весело. Его ученики-операторы радостно повторяют за ним новые «термины». Например, операторов он называет «императоры». Вместо «положить» он говорить «клодить».

Это очень хорошо. Но дано не каждому. Это как в фигурном катании — сначала надо научиться кататься по правилам, показать «школу», а потом уже вольный стиль!

Есть великолепные примеры неологизмов, которые придумали Хлебников, Есенин, Маяковский. Пушкин, как известно, создал классический русский литературный язык, но как он умел и любил хулиганить словами!

Удивительно приятно выбирать свое единственное слово из множества других. А когда не из чего выбрать, это все равно что вы пришли в магазин, а там только «Завтрак туриста». Бывало такое в советские времена. Это было ужасно, хотелось разного, вкусного, а в магазине только «Завтрак туриста».

Хороший, грамотный, литературный русский язык — это посещение восточного базара, где одних только персиков миллион сортов. И значит, есть выбор. И как это приятно — можно так, а можно эдак.

Так что, надеюсь, я вас убедила, и вы сейчас же, если едете в машине, купите аудиокнигу, где есть стихи хороших поэтов, и будет ее слушать.

Запоминать, повторять вслух, цитировать. И сочинять! Главное — действовать!

Русский язык — это сказочное поле для занятий и восторгов. Нам с ним повезло. А вот ему с нами?

ВЫВОДЫ

- В нашем словаре гораздо больше слов, чем мы используем.
- Есть пассивный и активный запас слов и выразительных средств.
- Красноречие всегда вызывает интерес и зависть.
- Есть специальные приемы, позволяющие расширить словарный запас.
- Свой стиль говорения — это хорошо, но только в том случае, если он основан на истинном вкусе к языку и знании его основ.

ЗАДАНИЯ

1. Зайдите на портал «Грамота.ру» и проверьте свой уровень владения русским языком, используя тесты, диктанты, игры.

2. Посмотрите вокруг себя и попробуйте найти интересные сравнения.

    Например, любимая книга — это как хороший десерт после обычного обеда, и т. д.

3. Попробуйте использовать в своей речи три простых приема: повторять ключевое слово или фразу (например, «Нам нель-

зя отстать от конкурентов. НЕЛЬЗЯ ОТСТАТЬ!»), начинать фразы с одной и той же конструкции («Мы должны сделать так, потому что… Мы должны сделать так, потому что…» — и так три раза подряд с разными доказательствами), задавать вопросы самому себе («Почему я так считаю?», «Что можно на это возразить?»).

Вы должны почувствовать, что ваша речь становится более организованной и яркой и вам поневоле приходится искать новые слова и выражения.

4. Попробуйте изложить свою биографию в виде 20 существительных (например: «бабушка, деревня, переезд, развод родителей, слезы, учеба, победа на олимпиаде» и т. д.).

5. Сочините буриме на такие рифмы: слова — жалко — провал — жарко.

Глава 7

Чувство времени

Чувство времени необходимо для успешного выступления, причем в любой ситуации — произносите ли вы тост в компании друзей или речь на корпоративном собрании, делаете ли серьезный доклад или короткое сообщение.

Бывает два варианта: когда вы заранее сообщаете, сколько собираетесь говорить, и когда время выступления определяется форматом события (совещание, конференция, митинг и т. д.). Например, принимается решение, что с докладом можно выступать не более 15 минут, а в прениях — не больше трех.

Вы должны точно придерживаться правил. Нарушать хронометраж нельзя.

Бывает, что время не ограничено — например, при произнесении тоста. Я знаю случай, когда начальник одного большого завода на корпоративном праздновании Нового года говорил тост с бокалом шампанского в руках в течение 45 минут.

Конечно, люди пытались слушать его. Но это мучение они помнят до сих пор. Они не могли выпить. Они не могли сесть за стол и пообщаться. Они должны были стоять и ждать, когда он закончит свою речь.

Помню, меня как журналиста поражали своей выдержкой и терпением научные сотрудники закрытого ядерного центра «Арзамас-16». Перед ними довольно часто выступал научный руководитель центра академик Юлий Борисович Харитон — человек, имеющий мировую известность, создававший этот центр вместе с академиком Курчатовым по приказу Берии.

К тому времени, о котором идет речь, он был уже очень и очень стар. Говорил он трудно и каждый раз повторял одно и то же. Видимо, сказывался возраст.

И вот умные, убеленные сединами люди сидели и слушали.

Не знаю, может быть, они воспринимали это как музыку, думали о своем, но проходил час, иногда другой, а они продолжали терпеливо слушать.

Я сходила с ума, мне было так жалко потерянного времени! Я, конечно, очень уважала этого человека, но думала: нет, невозможно, чтобы столько людей в зале тратили свое время вот так… Но как бы сказать… Комментарии излишни. Наверное, каждый из вас бывал в такой ситуации и каждый знает людей, которые просто не могут вовремя остановиться.

КАК УДЕРЖАТЬСЯ В РАМКАХ

Другая проблема — когда человек, наоборот, говорит слишком коротко. И если вам сказано, что по регламенту нужно выступать десять минут, а вы выступаете две, это тоже плохо. Это означает, что вам, по-видимому, просто нечего сказать. Или вы совсем не рассчитали время.

Лучше всего будет, если вас чуть-чуть не хватит. Раз на выступление отведено пять минут, выступайте четыре с половиной — если, конечно, вам не приходится специально тянуть для этого время. Ведь порой, когда человек топчется на одном месте, жует слова, тянет резину, то есть подготовился плохо или вообще не подготовился, и четыре с половиной минуты могут показаться вечностью.

Как же все-таки правильно укладываться во временны́е рамки, чтобы выступать хорошо — то есть производить нужное впечатление на нужных людей, доносить до них нужную информацию или побуждать их к действию?

Это умение очень важно для лидера, для руководителя. А ведь каждый из нас играет роль лидера как минимум в своей семье, а значит, такое умение нужно всем нам. Кстати, наши взрослеющие дети тоже очень чувствительны не столько к критике своих поступков, сколько к долгим мучительным нотациям.

Короткая веселая речь, построенная на парадоксах, приводит к нужному результату, а вот занудная родительская лекция — никогда! Но, как правило, в порыве чувств мы не замечаем, сколько времени тратим на подобные глупости.

минуточку!

Каким образом научиться правильно чувствовать время, если об этом вообще не было речи и я не знаю, сколько времени должен говорить? Такое бывает сплошь и рядом.

Если время не определено заранее и ситуация неформальная, прежде всего надо почувствовать аудиторию.

Вы всегда увидите на лицах людей готовность или неготовность слушать вас, и если вам удалось первой же фразой зацепить их, сказав: «Я знаю, как решить этот вопрос» или «У меня есть идея, абсолютно неожиданная», — вас обязательно будут слушать.

Вариантов первой фразы много, мы уже говорили об этом.

Вы скажете: «Я знаю историю, очень похожую на то, что происходит с нами», — и люди сразу заинтересуются.

А дальше следите за мыслью и за временем.

Как же следить за временем? Вам будет полезно знать, что если лист бумаги формата А4 вы заполните текстом со стандартными пробелами, то это примерно две минуты говорения.

Правда, говорим мы все немного по-разному. Кстати, в студии программы «Вести» Российского телевидения установлена специальная компьютерная программа, которая учитывает тот факт, что каждый ведущий имеет свой темп речи.

Даже при чтении телесуфлера! На федеральных каналах были мастера очень быстрого говорения. Например, Татьяна Миткова.

А в «Вестях» работал Михаил Пономарев, который говорил очень четко и при этом чрезвычайно быстро.

Это, конечно, очень сложно — говорить четко, с прекрасной дикцией, с эмоцией и очень-очень быстро. Но, с другой стороны, люди не всегда готовы воспринимать быструю речь. Зато медленная и не очень громкая речь иногда заставляет напрягать уши и слушать особенно внимательно.

Блистательный Эдвард Радзинский говорит быстро, высоким голосом, а вот Виталий Вульф, ведущий программы «Серебряный шар», — медленно, не торопясь, как бы подбирая слова.

Медленная речь может быть очень интересна. Но умение говорить медленно, так, чтобы тебя слушали, дано не каждому. Обычно медленную речь слушают внимательно, когда понимают, что человек говорит что-то исключительно интересное и сам думает в тот момент, когда говорит, а не просто ищет слова, мнется и жмется.

И тут мы опять возвращаемся к важному тезису — *надо думать не только Что сказать, но и Как.*

Тем не менее, если вы сами поставили себя в ситуацию, когда публично пообещали, что будете говорить недолго, надо говорить недолго. И при этом сказать много!

Что такое подготовленный листок текста на две минуты? Для нормально говорящего человека это достаточно много. На листке бумаги можно написать массу интересной, разнообразной информации. Попробуйте.

ХОРОШЕГО ОРАТОРА ДОЛЖНО БЫТЬ МНОГО?

В тележурналистике есть правило: любое интервью любого героя внутри информационного сюжета — то есть тот момент, когда мы видим глаза человека, его лицо, слышим его голос, — длится не более семи-девяти секунд! Не более! Двадцать секунд — это большая редкость, даже если показывают Медведева или Путина.

Попробуйте взять в руки секундомер, сесть к экрану телевизора и подсчитать, сколько времени говорят люди в кадре в информационных программах.

Вы с удивлением обнаружите, что важные и понятные факты и эмоции занимают очень мало эфирного времени. Почему? Потому что любое сообщение в виде «говорящей головы», длящееся больше 20 секунд, воспринимается людьми очень трудно и тормозит любой сюжет, любой фильм.

Конечно, если это не сенсация и если герой интервью не является ньюсмейкером, то есть человеком, который в данный момент интересует всю планету Земля. Так, наверное, интервью с Бен Ладеном будут смотреть все, сколько бы времени и что бы он ни говорил, как бы ни выглядел.

Или, скажем, всех интересуют Обама, Саркози, очень многих интересовала и интересует Тимошенко — и на посту премьер-министра, и, как сейчас, в оппозиции. Эти люди умеют говорить.

И, кстати, они очень внимательно следят за хронометражем своих выступлений. Я не раз слушала Обаму, и мне кажется, что он буквально упивается тем, как он говорит.

Но при этом старается быть кратким, потому что знает, что его тянет к долгим речам.

Часами говорил знаменитый Фидель Кастро. По этому поводу потрясающая история есть у Эдуарда Михайловича Сагалаева. Я знаю его много лет, он приезжал к нам еще в город Горький в 1978 г. на Всесоюзный фестиваль молодежных программ, и с тех пор мы дружим.

Эдуард Михайлович великолепно рассказывает истории, он — один из лучших рассказчиков, которых я знаю.

И одна из замечательных его историй — о том, как в самый ответственный момент Всемирного фестиваля молодежи и студентов, который проходил в Гаване, ему сообщили, что заболел переводчик. А выступать должен был сам Фидель! И прямая трансляция шла на весь Советский Союз! А других переводчиков не было. И Сагалаеву, который в свои 28 лет был главным редактором молодежной редакции Центрального телевидения, пришлось, не зная ни слова по-испански, в течение трех часов переводить речь Фиделя.

За эти три часа он похудел на пять килограммов, а в финале потерял сознание. На экране показывали оратора и иногда какие-то лозунги, Фидель протягивал руку и что-то кричал, а Сагалаев придумывал тезисы на темы революции, народа, и т. д., твердил их и повторял разные пафосные слова.

Выдержать эти три часа было трудно для Сагалаева, а вот для Фиделя и для многотысячной толпы на площади оказалось легко. Народ с удовольствием слушал его, потому что этот человек — из тех, кого я называю проповедниками. Такие люди всегда говорят долго.

Кстати, наш Жириновский тоже всегда говорит очень долго и упивается своей речью. В его выступлениях не так важен смысл, как эмоция. Но это особый случай. И особые, редкие люди с редким даром. А мы вернемся к простым смертным.

Многие люди во время публичных выступлений стесняются, волнуются и поэтому не представляют, сколько времени они говорят.

Я часто провожу простой тренинг: прошу говорить полторы минуты. Задание несложное — например, начать рассказывать историю со слов: «Однажды со мной был такой случай», — и закончить ее словами: «И тогда я понял(-а), что…»

Истории самые простые, которые случаются с каждым человеком — как в лесу потерялись в детстве, как пытались обмануть учителя… Обычно зал слушает их с удовольствием, оратор увлекается. Финал. Аплодисменты. И вдруг я спрашиваю: «Сколько времени вы говорили?»

Очень редко оратор называет точный хронометраж. Некоторые считают, что говорили полторы минуты, а на самом деле прошло четыре! Некоторые считают, что говорили полторы минуты, а прошло 20 секунд.

И то и другое — большая ошибка. Обязательно надо проверить, к чему вы склонны — «перебирать» время или, стараясь все успеть, говорить в два раза быстрее, чем было условлено. Поставьте себе такую задачу — скажите: я буду говорить ровно минуту. Включите запись и счет времени — сейчас на любом сотовом телефоне есть и диктофон, и секундомер, — и держите телефон за спиной. А когда закончите говорить, посмотрите, сколько прошло времени. Тогда вы поймете, в какую сторону вас тянет. Сделайте это упражнение несколько раз, заодно послушаете свою речь, еще раз обратите внимание на паузы, голос, дикцию, качество финала. Но все же главное для нас сегодня — именно чувство времени!

ЛУЧШЕ МЕНЬШЕ, ДА ЛУЧШЕ

Аудитория очень ценит, когда на трибуне или во время совещания вы говорите: «Я буду говорить пять минут», — а говорите четыре с половиной.

Если вы относитесь к тем людям, которые говорят дольше, чем хотели бы, могу дать вам несколько практических советов.

Очень полезно на бумажке, в любом блокнотике записать буквально три пункта: первое — с чего вы начнете, второе — какую-то репризу, шутку, пример, который будет в середине, и третье — финал, то, чем вы закончите: какую-то фразу, мысль, может быть, что-то повторите. Зачем это нужно? Дело в том, что, когда вы держите в голове то, что должны сказать, вы не будете лить воду. Правда, первый опыт с предварительными тезисами может закончиться и тем, что вы будете говорить меньше, чем собирались. Ведь одновременно держать в голове все — и то, что надо сказать, и хронометраж — достаточно сложно. Но в этом и заключается искусство оратора.

Иногда спрашивают — а можно глядеть на часы? Конечно, аудитория это заметит. Но я думаю, что ничего страшного в этом нет. Если вы перед выступлением положите рядом сотовый телефон с выключенным звуком или часы, то аудитория увидит, что вы проявляете уважение к ней, стремясь соблюсти хронометраж. Очень хорошо подчеркнуть этот момент словами. Например, так: «Ну вот, у меня осталась одна минута, но еще многое хотелось бы сказать… Но, может быть, поговорим в перерыве с теми, кто заинтересовался, и с теми, у кого есть вопросы, а сейчас скажу последнюю фразу». Таким образом, вы проскочите через какие-то моменты подготовленного выступления и завершите чуть раньше, чем собирались, идя навстречу требованию хронометража, — и это очень важно.

Вы сильно проиграете как оратор, если модератор, то есть человек, который ведет совещание или конференцию, будет останавливать вас и говорить: «Пожалуйста, заканчивайте, у нас время, вы перебираете время». Вы сразу почувствуете по реакции аудитории, что коллизия между вами и модератором начинает увлекать ее больше, чем то, что вы говорите. Если ваше сообщение интересно, публика начнет вам сочувствовать, жалеть вас. Но уж точно не сосредотачиваться на том, что вы хотели до нее донести. И финал окажется смазанным, а ведь мы с вами уже говорили о роли финала!

Поэтому очень важно прорепетировать свое выступление. Но знайте, что в тишине своей комнаты или перед сослуживцами, или перед ассистентом вы будете говорить совсем не так, как в аудитории. Аудитория всегда правит ваше выступление — своей реакцией. Если вы не замечаете эту реакцию, то вы плохой оратор.

А если замечаете, то иногда лучше свернуть выступление — когда почувствуете, что вы не ко времени. И на всякий случай заготовить какую-то шутку, репризу для финала, чтобы выйти молодцом из любой ситуации. Помните, что есть такое правило: лучше меньше, да лучше!

Если вдруг вам дали слово, а вы не готовы выступить, всегда можно сказать аудитории комплимент и какую-то приятную для всех вещь, а от самого выступления уклониться. Например, вас неожиданно просят произнести тост — скажите, что вам приятно здесь находиться, но вы не собирались выступать. И закончите тостом: «За эту замечательную компанию!» Это всегда будет воспринято на ура. Люди поймут, что вы не очень готовы, и оценят то, что вы просто не хотите тратить их время и внимание попусту.

Цените время людей! Любое ваше выступление — это трата не только вашего времени. И вполне возможно, другие люди не считают, что для них это лучший способ провести время.

Почему-то те, кто отнимает время у других, зачастую считают, что они вправе это делать. Запомните, что это не так. Вы либо даете информацию, либо вызываете у слушателей положительные эмоции, либо двигаете их к успеху. Но что-то должно быть такое, из-за чего им будет не жаль времени. И игры со временем очень опасны. Поэтому, во-первых, поставьте себе диагноз: какие у вас отношения со временем, а во-вторых, старайтесь всегда укладываться в тот временной отрезок, которое считаете оптимальным для достижения поставленной цели в данной ситуации.

СЕСТРА ИЛИ ЗЛАЯ МАЧЕХА?

А если, наоборот, вы всегда говорите очень коротко, короче, чем хотелось бы? Надо разобраться, почему это происходит.

Известно, что людям всегда требуется некоторый «разгон», разбег, чтобы вникнуть в тему, привыкнуть к манере изложения, настроиться слушать.

А тут раз — и все уже сказано! Слушатели могут почувствовать себя разочарованными и даже — обманутыми.

Отчего так бывает? В основном — от стеснения, от боязни публичности, от волнения. Краткость — сестра таланта, но она вполне может стать злой мачехой оратора, если человек собирался выступить с важным докладом, а свернул тему за три минуты и красный сел на свое место.

Интересно, что советы в этом случае будут те же: заранее готовить тезисы, писать «вопросы» самому себе и отвечать на них, продумать начало и финал, репетировать и обязательно записывать себя, как бы мучительно больно ни было это слушать!

Конечно, нам — тем, кто работает на телевидении, — проще вырабатывать чувство времени. Режиссер по громкой связи говорит: «Нина, у тебя семнадцать секунд». Я хорошо знаю, что такое эти 17 секунд — практически «на вес».

В свое время я возила в Останкино рулоны видеоленты старого формата «КАДР=3» — широкие и тяжелые рулоны, запакованные в специальные кофры, и были они разной протяженности — на 50 минут, на полтора часа. Рулон в полтора часа — это килограммов десять, а в 50 минут — килограммов шесть. То есть я знала «вес» часов и минут в килограммах.

Однажды кофр распахнулся, лента покатилась по железнодорожному перрону, люди бросились мне помогать, и все спрашивали: что это? А я плакала и отвечала: это моя программа, здесь 45 минут эфира.

Время прошло, видеокассеты стали маленькими, и записывается на них несколько часов материала.

Но для профессионалов правила остались по-прежнему жесткими — тот, кто не чувствует время, вряд ли сможет работать на телевидении.

И в реальной жизни, а особенно в публичной это умение чрезвычайно важно.

ВЫВОДЫ

- Чувствовать время — важнейшее качество оратора, и оно всегда связано с умением чувствовать ситуацию и аудиторию.
- Лучше всегда заранее договориться с аудиторией, сколько времени вы будете говорить, а потом выступить чуть короче.
- Краткость может быть уместна не всегда, как и говорливость.
- Лучше спокойно сверять время по часам, чем не уложиться во временные рамки.
- То, что вас слушают и даже аплодируют вам, вовсе не означает, что вы говорили кратко и по делу, — люди могут так поступать из чувства уважения или из-за своего подчиненного положения.

ЗАДАНИЯ

1. Расскажите байку из своей жизни, уложившись в полторы минуты. На часы не смотреть! Результат обязательно проверьте несколько раз и сделайте выводы.

2. Посидите с секундомером перед телевизором и посмотрите, как коротко и ярко выступают герои информационных сюжетов. Конечно, это монтаж. Но такого результата можно добиться и в реальной жизни!

3. Спросите своих близких друзей, не страдаете ли вы манерой длинно и занудно рассказывать истории, придерживаясь хронологии и прочих никому не интересных подробностей?

4. Возьмите любую интересную статью в Интернете, газете — неважно где. Перескажите содержание на диктофон. Если получится очень затянуто — расшифруйте свое «выступление» и определите, на что именно у вас ушли лишние минуты. Без каких подробностей можно было легко обойтись?

5. Если вы, наоборот, говорите слишком кратко и разговариваете с неохотой — упражнение точно такое же. Расшифруйте вашу речь и посмотрите на нее глазами других людей — это интересно? Понятно? Хочется пересказать другим? Добавьте те подробности, которые сделают сообщение именно таким.

Глава 8

Шутки и анекдоты как инструмент оратора

В ы сами понимаете, что, когда докладчик неожиданно и очень ярко шутит или рассказывает интересную байку либо свежий анекдот, который как нельзя лучше подходит к ситуации, аудитория благодарно смеется, и это отличный результат.

Но смеются люди не так уж часто. И просто так они этого не делают. Смех — это реакция на неожиданность. Например, все ждали от докладчика чрезвычайной серьезности, даже строгости, а он вдруг раз — и посмеялся над собой. И людям приятно. И они тоже смеются в ответ.

Смех — реакция на неожиданное, запомните это, и устраивайте иногда такие неожиданности для своей аудитории.

Мне нравится фраза классика марксизма-ленинизма: человечество, смеясь, расстается со своим прошлым. И отдельный человек тоже! Если смеется он над самим собой, то от этого сразу делается лучше — не таким серьезным, мрачным, высокомерным.

Если вам удалось рассмешить аудиторию — это всегда успех. Конечно, речь не идет о тех случаях, когда вы упали с трибуны или перепутали текст выступления. Нельзя, чтобы над вами смеялись как над неудачником и пустобрехом — этого нельзя допускать ни в коем случае!

А вот самому поиронизировать над собой — это отлично, и пусть слушатели поддержат вас смехом — это сближает.

Например, вы пообещали прочитать интересную цитату, долго искали ее на глазах у публики, но так и не нашли. Хороший оратор обязательно «обыграет» эту ситуацию. Можно сказать: «Склероз!» — и развести руками, можно сказать: «Не нашел, ну и бог с ней, не такая уж она важная!», можно попросить аудиторию сказать что-то умное на эту тему, а можно просто включить Интернет и на глазах у слушателей найти эту цитату, тем самым продемонстрировав свою компьютерную грамотность!

Вариантов масса. Если вы хорошо пошутили, аудитория сразу меняется, и вы это чувствуете. Возникает другая атмосфера, и тогда можно говорить об успешном выступлении, даже если какие-то моменты вам не совсем удались. Шутка делает докладчика ближе к тем людям, перед которыми он выступает. Она устанавливает другую дистанцию и создает добрую атмосферу.

Мы очень мало улыбаемся. Мы вообще нация малоулыбчивых людей. Когда мир стал открытым и люди начали ездить за границу, они возвращались оттуда с вытаращенными глазами и говорили: «Господи, там все улыбаются!» А мы слишком серьезные. И выступления у нас такие же. Как будто у нас всегда кризис, даже тогда, когда его нет.

Хорошо, что сейчас в бизнес-школах руководителей учат другому стилю общения — более легкому, более человечному.

МОЖНО И НЕЛЬЗЯ

Я на тренингах публичности прошу каждого участника перед выступлением подумать, какой момент в его речи вызовет веселую реакцию публики.

Сразу могу дать совет: шутить над аудиторией очень опасно. И лучше этого не делать — это большой риск.

Шутить по поводу предоставленного вам зала, или неудачной доски, или людей, которые опоздали по уважительной причине, — нельзя ни в коем случае! Это может вызвать совсем не ту реакцию, на которую вы рассчитывали. Лучше всего шутить над самим собой. Это прекрасно воспринимается аудиторией и вызывает интерес.

Я профессионально наблюдаю за хорошими ораторами и вижу, как действует на публику, когда человек в начале своего выступления шутит над собой, над какой-то своей особенностью, и это помогает сразу установить тесный контакт с аудиторией.

Помню, как журналист-международник Игорь Фесуненко на своей лекции сразу сообщил нам: я скоро усядусь на стол, не обращайте внимания, я слишком долго работал в странах Латинской Америки, а там люди ведут себя раскованно и вообще делают что хотят… Все заулыбались, лекция обещала быть интересной, и это ожидание полностью оправдалось!

Мои ученики заметили, что я во время лекций снимаю часы с кольцами и бросаю их где ни попадя. Вот я и стала «по методу Фесуненко» в самом начале выступления в незнакомой аудитории шутить на эту тему — сообщать, что в ходе лекции я обязательно сниму часы с кольцами, и это знак особого доверия к присутствующим. Я говорю: «Как ни странно, десять лет выступаю, и каждый раз потом нахожу все на месте. Такие у нас люди — интересуются больше лекцией, чем часами с кольцами…» И как-то сразу устанавливается контакт.

Но это я. Мне это подходит. Может быть, другим подходит что-то иное. Нельзя взять приемы одного оратора и механически перенять их.

Есть люди, которые шутят реактивно (в главе «Реакция» мы поговорим об этом более подробно) — то есть сначала говорят, а потом сами удивляются. У них это получается инстинктивно, неожиданно для самих себя. Я очень ценю таких людей. И если ваши знакомые считают, что у вас есть такой дар — все смеются над вашими шутками и по любому поводу ждут, что вы скажете, — это обязательно надо использовать во время выступлений.

Часто люди совершают большую ошибку, считая: в жизни я такой, а когда выступаю, общаюсь официально или предъявляю себя работодателю, должен быть совершенно другим.

В результате человек надевает на себя маску и сразу очень много теряет.

Сейчас спрос на искренность, на предъявление себя таким, какой вы есть. Плюс, конечно, подготовка и мысль! И если вы знаете за собой умение шутить — используйте его на всю катушку! Но при этом будьте осторожны. Реакция на шутки всегда яркая, и неудачная шутка — это попытка потушить костер с помощью бензина.

Чтобы было понятно, о чем речь, расскажу один реальный случай. Ехали артисты на пароходе по Волге из города в город и уже забыли, где они были, где не были, потому как все время были не очень трезвы. Вот их с парохода сняли, привели в какой-то клуб. Как водится, шутки они повторяли одни и те же. Попав на сцену, в сотый раз пошутили, что незваный гость хуже татарина. А это было в Казани. И в зале одни татары!

Хорошо, что они ноги успели унести из этого зала!

Надо точно понимать, что есть уместная шутка, а есть неуместная, и не всякая спонтанная шутка хороша, так же как не всегда «срабатывает» шутка, которая вас спасала много раз. Словом, шутка — штука опасная (обратите внимание: слова разные, а буквы одни и те же)!

ТОЛЬКО ПЕРВОЙ СВЕЖЕСТИ!

Но еще более опасны анекдоты, потому что, во-первых, хороший анекдот — только свежий и малоизвестный.

А во-вторых, вы можете не сблизиться с аудиторией, а наоборот — потерять ее! Анекдот отвлекает, люди не просто смеются, а начинают обсуждать услышанное, вам трудно снова завладеть их вниманием. Ведь что такое хороший анекдот? Это целая пьеса — с началом и неожиданной развязкой.

Удачные анекдоты люди передают из уст в уста. И я советовала бы вам если и рассказывать анекдот, то найти такой, который будет максимально подходить к теме вашего сообщения.

Скажем, выступление у вас на 15 минут. Это означает, что в середине обязательно должен быть какой-то момент для улыбки, для того, чтобы отвлечься. Люди не могут четверть часа слушать на одном дыхании, особенно если приходится воспринимать сложную информацию — где много цифр и деталей. Надо обязательно дать им возможность расслабиться.

Но если половина аудитории знает анекдот, вы можете попасть в очень неловкую ситуацию. Можно сначала спросить: «А вы знаете анекдот о том-то?» Если один человек знает — ничего страшного, кивните ему как своему близкому знакомому. Или начните рассказывать и сразу увидите по реакции — раз люди в большинстве своем этот анекдот уже слышали, то быстренько перейдите к финалу и объясните, почему сегодня он вам понадобился. Тогда вы опять же выиграете.

А вот за шутку, сказанную дважды, как говорится в Одессе, бьют. Я знаю, что Виктор Шендерович, который ездит по стране с одним и тем же концертом в течение года, старается выступать на разных площадках, чтобы в зале не оказалось людей, которые уже его слышали. Потому что они будут сильно разочарованы.

Разочарованы в том числе и тем, что, оказывается, репризы между историями и байками тоже готовятся заранее. Это секрет оратора, который должен оставаться секретом, несмотря на публичность и повторяемость выступлений.

Кстати, анекдоты надо еще уметь рассказывать, и это тоже редкий дар. Далеко не всем людям это удается. В качестве примера приведу одну свою любимую байку, а то разговор о веселом получается очень уж серьезным.

Я знаю одного научного работника, который как-то оказался в очень сложной ситуации. Он выступил на научной конференции с хорошим докладом. Потом был банкет, люди собрались за столом, все как обычно. И вдруг повисла тишина. И именно в этот момент он сказал сидящей рядом с ним молодой женщине, что сейчас расскажет ей свежий анекдот. Все услышали, вытянули шеи, а присутствовало много народу — человек сорок, и все уже выпили, расслабились, всем хотелось повеселиться. А он только что выступил с удачным докладом, на него смотрели ласково, и за столом сидели люди, от которых во многом зависела его дальнейшая научная карьера. Чудесный момент! Но очень ответственный.

Это было в далекие советские времена. Тогда в моде были так называемые абстрактные анекдоты. Нам всем тогда казалось, что это очень смешно. Мода на анекдоты тоже меняется. «Плывет крокодил по Нилу. Поднимает голову и говорит: "Гм, а я думал, что сегодня пятница"». Мы от души смеялись над этим анекдотом. Или такой короткий анекдот: «Какая разница между воробьем?» И все. Больше ни слова. Тоже смеялись. Сейчас почему-то кажется не смешно. Теперь смешно другое.

Так вот. Наш герой, почувствовав всеобщее внимание, заволновался. Он хотел рассказать такой анекдот: «Армянское радио спросили: "Что это такое — зелененькая бумажка, хрустит, но не деньги?" Ответ: "Три рубля"». Что такое доллар, мы тогда не знали — это был конец 1970-х гг. «Зелененьких бумажек» тогда было две: 50 рублей и знаменитая «трешка». И из-за волнения наш герой громко, на весь зал начал рассказывать совсем другую «версию» этого анекдота: «Армянское радио спросили: что это такое — три рубля, а не деньги?» Народ смотрел на него. Ждал продолжения. А анекдот на этом был закончен. Человек разволновался и случайно переставил слова. И смысл анекдота оказался утерян! Он вышел из зала очень расстроенный…

Мне приходилось наблюдать такие ситуации, когда люди не умели рассказать анекдот. Говорили невнятно, слишком быстро, не делая в нужных местах пауз. А ведь это особое мастерство! Когда встречается телевизионная компания, все стараются сесть рядом со Светланой Сорокиной или Владимиром Познером. Они мастера рассказов, баек и анекдотов. И даже когда Познер рассказывает всем известный анекдот, его слушают с большим интересом. Он может даже не думать, знают этот анекдот или нет, потому что рассказывает уж очень хорошо, артистично.

Итак, если подводить итог нашей теоретической части, можно сказать, что шутить, рассказывать интересные веселые байки и анекдоты абсолютно необходимо, потому что момент расслабления и улыбки сокращает дистанцию между аудиторией и оратором и очень располагает к нему.

Но при этом надо точно примерять шутки к данной аудитории и соотносить их со своим умением шутить.

И даже если само выступление было не столь удачным, как вам хотелось бы, все равно люди будут реагировать на вас радостно. И, может быть, потом, в перерыве, через вопросы-ответы вам удастся донести до них то, что вы хотели.

МИНУТОЧКУ!

Бывают анекдоты — и это важно подчеркнуть, — которые нужны не для расслабления, а для иллюстрации вашей основной идеи.

Объясню более подробно, а потом приведу пример.

Предположим, вы готовитесь к ответственному выступлению (а других на самом деле и не бывает!). Вы владеете материалом, набросали план, проверили хронометраж. И все же вас не оставляет беспокойство — так заботливая хозяйка критично осматривает стол перед приходом гостей.

Вы успокаиваете себя, вас успокаивают близкие. Наконец, желая отвлечься от захлестывающей волны тревоги, вы берете в руки дурацкую позавчерашнюю газету, бегло ее просматриваете, переходите к анекдотам на последней странице... И вдруг — эврика! Именно в этой газете вам попадается на глаза замечательный анекдот, который можно использовать в ходе вашей лекции — не как момент для расслабления, а как реальный подручный материал для усвоения самой главной мысли!

Приведу пример из собственного тренерского опыта.

У меня есть в рабочей папке анекдот, с помощью которого я обучаю телевизионных продюсеров. Это анекдот про «челночную дипломатию». Термин «челночная дипломатия» придумал Генри Киссинджер. А анекдот звучит так: собрались министры иностранных дел и говорят Генри: «Ты вот придумал челночную дипломатию. А мы до сих пор не понимаем, что это такое. Объясни нам на простом примере». Киссинджер говорит: «Ребята, методом челночной дипломатии можно добиться чего угодно. Например, выдать дочь президента Франции за сибирского лесоруба». Они говорят: «Да как же это возможно?» — «Очень просто. Я прихожу к президенту Франции и говорю: "Слушай, хочешь выдать свою дочь замуж за сибирского лесоруба?" Он говорит: "Зачем мне это надо?" Я говорю: "А он будет владеть всеми банками Швейцарии". — "Хм, это меняет дело". Далее я прихожу в конфедерацию швейцарских банков и говорю: "Давайте вами будет управлять сибирский лесоруб!" Они спрашивают: "Зачем нам это надо?" А я им говорю: "А он будет зятем президента Франции". Они говорит: "М-м, это меняет дело". Дальше я прихожу, не поверите, к сибирскому лесорубу. Мощный такой, красивый, настоящий лесоруб. Я говорю: "Слушай, хочешь жениться на дочери президента Франции?" Он говорит: "Зачем мне это надо?" А я ему: "Ты будешь владеть всеми банками Швейцарии". Он: "Ха, это меняет дело". И, наконец, самое интересное. Я прихожу к дочери президента Франции и говорю: "Хочешь выйти замуж за владельца всех швейцарских банков?" Она говорит: "Ха, зачем мне это надо?" А я говорю: "Он будет сибирским лесорубом". И она говорит: "Ах, это меняет дело!"»

Люди сидят на занятии и с интересом слушают мой длинный анекдот. В конце все, конечно, улыбаются, смеются, аплодируют. А потом понимают, что очень трудно найти какой-то подвох. Действительно, у него все получилось!

И дальше мы полтора-два часа рассуждаем о технологии работы продюсера, который, конечно, никогда не может иметь сразу все — и деньги, и команду, и хороший сценарий. Как правило, он начинает с чего-то одного. А потом методом челночной дипломатии добивается успеха — и это означает, что он хороший продюсер!

Голливудские и лучшие наши продюсеры действуют именно так — методом челночной дипломатии.

В конце занятий я говорю ребятам: почему все-таки у Киссинджера в этой истории все получилось? Что здесь самое трудное? И самые умные из моих студентов отвечают, что, во-первых, трудно войти в кабинет к президенту Франции — для этого надо быть Киссинджером, а во-вторых, надо найти некоего посредника в виде швейцарских банков.

В этом, собственно, и заключается смысл моей лекции.

Так иногда хорошая история, или байка, или анекдот становятся отличной иллюстрацией вашей идеи. Той идеи, которую вы хотели донести до слушателей. И они запоминают это навсегда. Более того, через анекдот вы можете добиться большего, чем другими методами. Анекдот легко запомнить, его легко пересказать.

Я встречала своих учеников-продюсеров через несколько лет, и они говорили: «Нина Витальевна, мы действуем методом челночной дипломатии, и у нас все получается».

Так что не надо отмахиваться от шуток и анекдотов: нет, это не мое, я так не смогу, не сумею! Ищите, ищите возможность — в середине, в начале, в конце, а лучше и в середине, и в начале, и в конце, — вызвать улыбку аудитории.

Будем смеясь расставаться с прошлым и с улыбкой глядеть в будущее!

ВЫВОДЫ

- ◼ Хороший оратор должен предусмотреть в своем выступлении место для удачной шутки.
- ◼ Шутка или анекдот могут помочь раскрыть тему лекции. А могут просто доставить радость аудитории и способствовать установлению дружеской атмосферы.
- ◼ Надо быть очень осторожным в выборе шуток и анекдотов, нельзя никого ни обижать, ни шокировать.
- ◼ Шутки и анекдоты надо уметь «подать», как вкусное блюдо, а это не каждому дано.

■ Если вы владеете талантом реактивной шутки, используйте этот дар во время своих выступлений.

ЗАДАНИЯ

1. Посмотрите разделы анекдотов в Интернете и попробуйте найти такой, который подходит к вашей специальности и к теме вашего выступления.

2. Расскажите в компании несколько анекдотов — посмотрите, насколько внимательно вас слушают.

3. Найдите десять анекдотов или баек, которые вам нравятся, занесите в записную книжку хотя бы ключевые фразы из них, чтобы не забыть. Через несколько дней попробуйте рассказать их на диктофон — проверьте свою память и умение рассказывать.

4. Найдите в Интернете речи выдающихся людей, прочитайте их внимательно, найдите те моменты, где докладчик иронизирует над самим собой.

   Пример — писательница Джоан Роулинг, выступая перед выпускниками Гарвардского университета, рассказывает, что страшно волновалась, получив предложение выступить, но это волнение принесло ей и радость в виде похудения…

   Таких примеров надо найти не менее пяти.

5. В компании друзей расскажите историю, в которой вы выглядите смешным, посмейтесь вместе со всеми, последите за реакцией — ваши друзья удивлены? Обрадованы? Постарайтесь в рассказе не переходить грань — случай должен быть бытовой, просто казус, который может приключиться с каждым (купил новые плавки на базаре, а они в морской воде стали прозрачными!). Не рассказывайте ничего из того, что может реально повредить вашей репутации.

Глава 9

Общение с аудиторией

Многие ораторы не понимают важности интерактивного общения, т. е. втягивания аудитории в процесс выступления.

Я бы хотела довести до вас простую мысль. Если по ходу своей речи вы просто попросите аудиторию поднять руки в ответ на какой-то вопрос — кто знаком с таким-то человеком? кто слышал об этом открытии? — вы сразу выиграете.

Аудитория — это не аморфная среда для поглощения ваших великих мыслей. Аудитория — это люди. Кто-то не выспался. У кого-то проблемы с женой. Кто-то вообще не желает вас слушать. Кто-то считает, что он сам все знает. Кто-то, наоборот, хочет сразу задавать вам вопросы. Кто-то очень активен, а кто-то не станет выступать даже под дулом пистолета.

Любая аудитория — это набор очень разных по темпераменту, по степени подготовленности, а иногда и по возрасту людей. Установить с ними контакт очень важно, это самое главное. Но если вы выходите на трибуну и начинаете читать по бумажке, сделать это будет невозможно. Контакта не получится. И эффективность вашего выступления будет очень низкой. Меня однажды потрясла цифра: как бы ни был хорош лектор, выступающий перед студентами или любой другой публикой в форме долгого монолога, эффективность такой лекции — 5–7%.

МИНУТОЧКУ!

А что значит «эффективность»? Это значит, что через некоторое время людей, которые были на лекции, спрашивают, что они запомнили. И выясняется, что помнят они совсем не главное — какие-то отрывочные тезисы. Хотя есть лекторы, которые рассказывают захватывающе интересно. Слушать их — одно удовольствие, и, может быть, эти полтора часа лекции запомнятся слушателям на всю жизнь, но вот сумеют ли они потом что-то повторить?

В бытность мою студенткой университета приключилась со мной история. Мы проходили практику в школе. Я, как вы уже понимаете, очень любила говорить сама, а тут мне еще дали 9-й класс, «Войну и мир». Мне казалось, что самое главное для начинающего учителя — это чтобы тебя слушали, чтобы была тишина.

И я этого добилась. Тишина стояла полная, слушали меня прекрасно. Я очень хорошо подготовилась, потому что любила эту книгу, изучила много дополнительных материалов о том, как она писалась, принесла даже кино «Война и мир», хотя тогда не было никаких видео. Но в школе был кинозал, я где-то раздобыла пленку… Словом, проделала большую работу. И ученики с восторгом все это смотрели и слушали. Но рядом со мной была чудесный педагог — Валерия Грач. И она глядела на меня с сочувствием и как-то… не так, как мне хотелось бы.

Я спросила ее: «А что, собственно, не так?» Она говорит: «Вы, Ниночка, на следующем уроке поспрашивайте их по «Войне и миру», ведь это же урок, они же должны что-то запомнить… Что они думают по тому или иному поводу?»

Я взбодрилась — я была уверена, что они все услышали, они сейчас все скажут. И на следующем уроке уверенно стала спрашивать. Но никто ничего сказать не мог. Ведь они побывали не на уроке — на концерте. Это, конечно, тоже интересно, но задача учителя — не развлечь, а пробудить интерес к книге, дать знания. Для меня это стало уроком на всю жизнь.

Если ты сам говорил интересно и тебя внимательно слушали — это не означает, что тебя услышали!

КТО ЗДЕСЬ ГЛАВНЫЙ

Задача большинства выступлений — донести нужную информацию и сделать ее активной. То есть сделать так, чтобы люди эту информацию усвоили и потом ею пользовались. Но бывают и другие задачи, о которых мы с вами уже говорили.

Например, ваша задача — дать установку, эмоцию, побудить людей пойти проголосовать за какого-то политика, несмотря на то что программы его действий никто не помнит, — это особый случай.

Мы с вами говорим сейчас про конкретную рабочую, а не политическую задачу, когда вам надо донести до людей информацию, чтобы они ее запомнили.

В этом случае вам необходимо, совершенно необходимо втянуть аудиторию в работу. Я очень долго этому училась. Чрезвычайно полезной в этом смысле была для меня поездка в Америку, где в одной из лучших бизнес-школ училась моя дочь — ее зовут Екатерина, ныне она член правления одного из крупнейших банков России.

Это было почти десять лет назад и стало поворотным пунктом в моей карьере тренера.

Я напросилась на занятия по экономике, которые вел один из гарвардских профессоров. Конечно, я ожидала, что он будет что-то говорить на своем шикарном английском и писать на доске. Каково же было мое удивление, когда я увидела, что из двухчасовой лекции профессор говорил минут 15, причем в самом финале занятия. А до этого он фактически вел ток-шоу. Перед каждым студентом стояла табличка с именем. Перед моей дочкой тоже стояла табличка «Катя».

Я смотрела на это шоу с восторгом. В аудитории сидели молодые люди из Израиля, Германии, Польши, Латинской Америки...

Из 25 студентов, по-моему, только шесть были американцами. Сейчас в европейских и американских бизнес-школах учится молодежь со всего света, эдакий интернационал, и видеть это очень приятно — мир действительно стал открытым.

Но речь не об этом. Речь о том, как преподаватель построил лекцию.

Учащимся были заранее разосланы так называемые «кейсы», то есть конкретные истории из жизни, случаи на нужную тематику. Студенты еще дома на компьютере обработали их и прислали свои варианты ответов. И когда профессор вошел в аудиторию, он уже знал: половина аудитории считает, что такой-то банк поступил правильно, а половина считает, что он поступил неправильно.

Он тут же разделил аудиторию на два лагеря и предложил командам написать свою аргументацию — каждой на своей половине доски.

Потом они спорили друг с другом, а профессор просто руководил этой полемикой. Затем он вызвал людей, которые промолчали, и спросил, на чьей они стороне, то есть сомневающиеся должны были выбрать какую-то точку зрения.

Но каково же было мое потрясение, когда в конце было показано видео — мнение руководителя этого банка. Это был реальный случай из реальной экономической жизни Америки — и это был учебный «кейс»! Видео было записано на камеру, и человек рассказывал, как он на самом деле поступил в этой ситуации.

А в заключение профессор дал свой комментарий.

Ребята записали его на своих компьютерах. Они всеми десятью пальцами стучали по клавишам — каждый в своем лэптопе, с невероятной скоростью и энтузиазмом. Они поняли, они усвоили тему полностью! Они не совершат тех ошибок, который совершил человек — герой «кейса». И я поняла, что именно так и надо работать.

Надо заранее подбирать материалы, раздавать их своим слушателям, и даже если это небольшая аудитория, даже если это ваши сотрудники, их обязательно надо готовить заранее — втягивать, втягивать, втягивать людей в работу.

Пока мы не сделали этого, пока мы не заставили их думать, пока они сами не задали себе вопрос и не помучились в поисках ответа, они не усвоят ваш «правильный» ответ.

И даже если ваше выступление не столь уж важно и не содержит никакой сложной информации, будет очень интересно, если вы попросите слушателей поднять руки, чтобы можно было посмотреть, кто это знает, а кто — нет. Для вас такого рода информация всегда важна. Если вы вдруг поймете, что только треть аудитории знакома с человеком, о котором вы так долго рассказывали, с его опытом и знаниями, можно тут же что-то поменять и сделать какие-то другие выводы из лекции.

Поэтому втягивание аудитории в процесс обсуждения любой темы — совершенно необходимый элемент успешного выступления!

И еще: если вы претендуете на роль лидера, никогда не говорите ответ сразу же после того, как поставили вопрос. Никогда. Подождите разных ответов. Подождите, пока люди поспорят друг с другом. И только потом выдайте верный ответ.

Будьте всегда немножко над схваткой. Не забывайте, что на тот период, пока вы выступаете, вы и есть самый главный!

ЗНАЙКИ И НЕЗНАЙКИ

Иногда, когда неопытный оратор вступает в интерактивное общение, он рискует попасть в сложную ситуацию: люди-то разные, и в аудитории может найтись человек, который сам начнет выступать вместо вас.

Одна очень умная женщина, директор Медиаакадемии Нидерландов, сказала мне, что на любом семинаре есть 5% людей, которые знают все не хуже преподавателя. Как есть и 5% людей, которые ничего не усвоят, но будут бузить и сопротивляться.

Однако в сумме лидеры и «лузеры» — это всего 10%. А ради других 90%, которые должны усвоить знания, стоит работать! Просто одних надо каким-то образом поддержать — может быть, дать им какое-то более сложное задание, может быть, похвалить, потому что амбициозные, умные люди особенно чувствительны к похвале.

А других, тех, которые бузят и не хотят учиться, надо суметь «погасить».

В момент интерактива нельзя вступать в долгую дискуссию с кем-либо из сидящих в аудитории, если эта дискуссия не интересна всем присутствующим.

Но если человек задает вам вопрос, который интересует всю аудиторию, — кстати, вы можете устроить голосование и проверить это — есть смысл ответить на него. Только следите за временем, ведь вы все-таки должны выполнить свою основную задачу.

Можете сказать, что вы ответите в середине лекции. Или в конце. И сразу надо внести изменения в первоначальный план, потому что вы обязаны выполнять свои обещания, даже если дали их, не подумав!

Вообще не слышать вопросов и не реагировать на них нельзя, и умение стимулировать вопросы обязательно для любого успешного оратора.

Иногда я, если даю какую-то сложную тему, даже устраиваю специальную пятиминутку, чтобы слушатели написали мне записки с вопросами. Эти вопросы помогают понять, насколько хорошо слушатели все поняли и какова их предварительная подготовка. В зависимости от того, какие вопросы получила, я корректирую тему занятия.

Иногда успешный политик или оратор просит организаторов своей публичной лекции провести предварительное исследование — что знают люди? Какие вопросы у них есть? — и это отлично характеризует вашего гостя, это означает, что он пришел не просто так, а хочет получить результат.

ПРАВИЛА ИГРЫ

Поговорим про общение в аудитории, в которую вы вошли.

Я считаю, что первое и непреложное правило — это комплимент аудитории и выражение радости по поводу встречи с нею.

Это тоже интерактивное общение. Это не относится к теме вашего выступления, но это обязательно. Сделайте комплимент, продемонстрируйте ваше знание аудитории, покажите, что понимаете, куда попали. Например, скажите, что это хороший вуз, интересная аудитория, особые люди, с которыми вы давно хотели познакомиться, и добавьте конкретную информацию в доказательство такого тезиса, чтобы не показаться голословным льстецом. Хотя немножечко польстить — это всегда хорошо, только опять же держите верную дистанцию. Не делайте ничего «слишком», не кланяйтесь аудитории. Иначе вы в тот же момент перестанете быть интересны ей.

И пусть есть в зале люди, которые что-то выкрикивают, ни в чем не хотят участвовать, не выключают мобильные телефоны, хотя вы попросили об этом… Конечно, тут нужен определенный опыт, но правило такое: есть 90% людей, ради которых вы пришли, а остальные 10% не должны вам мешать.

Если же вы чувствуете, что людей, которые вам мешают, больше 10%, это значит, что виноваты вы сами! Пожалуйста, аккуратно и нежно поставьте на место тех, кого надо поставить. Причем не говорите того, что так любят говорить учителя в школах: «Вы мешаете всем», «Мы теряем время», «У нас осталось мало времени».

Потому что это проявление слабости.

Лучший вариант поведения — настроить саму аудиторию против того человека или группы людей, которые всем мешают. Я уже рассказывала, как можно паузой поставить человека на место, просто сообщив, что сейчас мы все будем ждать, пока он выключит свой телефон или поговорит с соседом.

И замолчите. Такая пауза — это тоже интерактивное общение, и она сразу показывает, кто здесь главный.

Если звучат назойливые вопросы с места с явным желанием сорвать ваше выступление — надо сказать, что вы оставите специально минутку или две на то, чтобы выслушать и ответить, а сейчас идем дальше. И сказать это надо твердо.

Но если человек начинает говорить, и говорит он вместо вас и очень точно, я советую сделать его своим «помощником», а для этого каким-то образом продемонстрировать уважение к нему.

Такие люди амбициозны. Они нуждаются в том, чтобы их заметили, отличили от других.

Один раз вы можете позволить ему сразу ответить на вопрос, а в другой раз скажите: я вижу, что вы все знаете, но сейчас, пожалуйста, промолчите, давайте сделаем так, чтобы другие тоже подумали.

И все, этот человек будет молчать. Но уже с чувством удовлетворения.

Конечно, в одной главе я не могу обсудить с вами все особенности интерактива. Я понимаю, что вам страшновато все это читать. Гораздо проще выйти на трибуну, донести свою информацию до аудитории и потом похвалить самого себя за то, что вы сказали все правильно, четко, грамотно, все хорошо прочитали по бумажке.

Но знайте заранее, что, если вы вступите в общение, если убедитесь в том, что люди смотрят на вас горящими глазами, потому что не только вы им интересны, но и они вам интересны, и если вы не побоитесь и втянете их в процесс рождения той главной мысли, с которой пришли, то вы выиграете многократно! И это будут не районные соревнования, а Олимпийские игры!

ВЫВОДЫ

- Интерактивное общение — необходимый элемент хорошего выступления.
- Формы такого общения могут быть самыми разными: голосование, вопросы в зал, анкеты, вызов людей с разными точками зрения для диспута, вопросы на листочках и т. д.
- Хороший оратор работает как ведущий телевизионного ток-шоу, управляя залом.
- Часть аудитории всегда будет за вас, часть — против, но большинство в зале настроено позитивно и готово работать.
- Никогда нельзя вступать в дискуссии с теми людьми, чьи вопросы не интересуют зал.

ЗАДАНИЯ

1. Представьте себе разные аудитории, перед которыми вам приходится выступать. Придумайте каждой из них комплимент! Постарайтесь не повторяться.

2. Заготовьте заранее анкету с вопросами по теме выступления (не более пяти вопросов с вариантами ответов), раздайте ее, соберите ответы, обработайте — вы сами увидите, сколь неожиданным может быть результат. На результаты анкеты спокойно можно ссылаться во время выступления, только никогда не называйте имена авторов — лучше вообще предлагать заполнять анкеты анонимно.

3. Попросите близкого вам человека всячески «мешать» вам во время тренировочного выступления. Попробуйте найти точные слова, чтобы заставить человека работать.

4. Приготовьте заранее дополнительные материалы по теме выступления на случай, если в аудитории окажется «эрудит», который захочет вас «срезать».

5. Прочитайте рассказ Василия Шукшина «Срезал!» и попробуйте определить, как бы вы повели себя на месте приезжего кандидата наук, ставшего жертвой деревенского популиста.

Глава 10

Уверенность

К огда я прошу аудиторию назвать качества хорошего оратора, обязательно звучит: «Уверенность!»

Я до сих пор не могу понять, каким образом люди чувствуют, уверен ли в своих силах учитель, тренер, оратор...

Но как только аудитория понимает, что тот, кто стоит перед ней, сам не знает, сможет ли с ней справиться, все — шансов «выжить» у него почти не остается.

Аудитория такого человека «съедает». Так или иначе.

Иногда люди даже встают во время выступления и просто уходят.

Кстати, я, когда начинаю лекцию, всегда, в любой аудитории, прошу заранее подойти ко мне и сказать, если кому-то надо к зубному врачу или еще куда-то. И договариваюсь о формате нашего общения. Ну, например, я люблю читать мастер-классы в течение трех часов. Не все люди это выдерживают. В Школе телевидения «Останкино» многие девушки привыкли каждый час ходить проверять макияж, выпивать по чашечке чая или кофе... Представьте себе, когда в самый ответственный момент моей лекции вдруг встала целая группа, то есть стайка, девушек и спокойненько отправилась к выходу из аудитории.

Я, естественно, остановила их, спросила, куда и зачем они собрались идти, и тут же поняла, что это моя ошибка, что надо было с самого начала договориться о правилах игры. Они не привыкли к тому, чтобы лекция длилась три часа. Тогда я поставила вопрос на голосование — кто за то, чтобы мы работали 2 часа 45 минут без перерыва?

А потом — согласно принятому формату — отпустила их на 15 минут раньше. Потому что, по моему глубокому убеждению, когда в аудитории находится больше 100 человек, устраивать перерыв в середине нецелесообразно — он обязательно затянется, и нужная атмосфера будет утрачена. А лекция по проблемам мастерства телеведущего достаточно интересна — с играми, с разбором ситуаций — чтобы три часа пролетели почти незаметно.

ОТКУДА ЧТО БЕРЕТСЯ

Откуда берется неуверенность? И как с ней справиться?

Это одни из самых часто задаваемых вопросов.

Неуверенность всегда связана с волнением.

Ко мне приходят люди — бизнесмены, политики, депутаты, чиновники — и просят, чтобы я позанималась с ними индивидуально. Они жалуются именно на волнение. Оно сковывает горло, от него перехватывает дыхание и дрожат руки, из-за него забываешь все, что хотелось сказать. Что с этим делать?

Для начала надо понять, что это нормально.

Вы не один или не одна такая. Волнение — это нормально. Более того — скажу то, чего вы, может быть, и не знаете: *волнение должно сопровождать любое хорошее выступление.*

Если вы не волнуетесь, вы плохой оратор, вас не будут слушать. Волнение — это бензин для автомобиля. Без бензина он не поедет.

Другое дело — степень вашего волнения. Оно должно помогать, воодушевлять, чтобы аудитория видела, что человек волнуется, у него блестят глаза, он старается — и это очень хорошо. Но если волнение перехлестывает через край, оно начинает играть против вас.

У меня однажды был случай. Большому милицейскому начальнику надо было дать интервью для программы «Вести». Он жутко волновался и попросил меня: «Нина Витальевна, мне бы пятьдесят грамм коньяка, это обычно помогает мне справиться с волнением». Мы дали ему 50 грамм. После этого он забыл все слова. Пришлось добавить. Но после 200 граммов он уже вообще ничего не мог сказать.

Тогда я написала крупными буквами то, что он должен был говорить. Сначала выуживала из него информацию, потом записывала на листочке. Листочек положила рядом с камерой, чтобы он прочитал его. Но он не мог даже этого!

Безнадежная ситуация.

Мы все-таки порепетировали, он успокоился, малость протрезвел. Понял, что ничего страшного — надо просто прочитать свой собственный текст. Никакой подставы. И все получилось, интервью вышло в эфир.

Правда, потом меня спрашивали, что это он такой красный сидел. А у него с трудом язык ворочался после коньяка.

Это, конечно, было моей ошибкой. Но с тех пор я пользовалась этим приемом, когда люди слишком сильно волновались перед камерой, — не предлагала им коньяк, конечно, а записывала крупными буквами главную мысль, чтобы ее можно было прочитать перед камерой. А теперь многие политики используют телесуфлер. И выглядят потрясающе уверенными в себе, хотя на самом деле они просто читают вслух то, что им написали спичрайтеры.

ЕСТЬ КОНТАКТ

Вы волнуетесь, если к вам пришли важные гости или если на экскурсию в вашу организацию явились студенты и школьники. Или вам надо куда-то пойти выступить — вы тоже волнуетесь, и это нормально. Волнуются все. Волнуется Познер перед каждым интервью, невзирая на свой огромный опыт. Волнуется Путин перед встречами с народом, которые он проводит, на мой взгляд, совершенно блестяще. Очень волнуется. Я это вижу. И вы это увидите, если понаблюдаете внимательно.

Но как сделать так, чтобы волнение не зашкаливало, чтобы сохранить уверенность? Мне кажется, что надо... Я уже говорила об этом, но повторюсь, потому что это можно говорить в каждой главе: все снимается тренировками. И я удивлена, почему многие люди не догадываются о том, что их выступление, прорепетированное даже перед членами семьи или друзьями, пройдет гораздо лучше.

Порепетируйте перед зеркалом, запишите свое выступление на диктофон, послушайте себя. И после этого вы скажете себе: «Вот я орел! Тут нормально начал, а тут что-то сбился». Снова порепетируйте. В крайнем случае, заучите слова наизусть. Это придаст вам уверенности, потому что вы будете знать, что вас нельзя сбить.

И конечно, вы должны знать, что, если самообладание вас подведет, один раз вы можете спокойно сказать об этом аудитории. Тем более стоит это сделать, если волнение было заметно, если, например, задрожала рука и ручка упала на пол: «Надо же, никогда так не волновался. Видимо, вот такая особенная аудитория». Так вы примените сразу два хороших приема. Первый — это то, что вы открылись, доверились публике, а второе — то, что вы ее похвалили.

Я уже говорила, что, даже если 10% аудитории почему-либо настроены против вас, остальные 90% готовы вас полюбить. Но надо вовремя пошутить, рассказать что-то интересное, надо, чтобы люди увидели, что вы подготовились, что вы знаете, куда и зачем вы пришли. Надо, чтобы люди поняли, что ваше выступление им нужно, важно и интересно.

Важно и интересно — вот два главных слова!

Но даже если вы прекрасно подготовились и все в вашем выступлении «важно и интересно», но вы непрерывно смотрите либо в пол, либо на потолок — это провал! Люди, которые волнуются, не уверены в себе, отличаются от уверенных как раз тем, что не смотрят на аудиторию и при этом полностью теряют контакт с ней.

Нельзя бояться глаз! Они вас поддержат. Попробуйте найти в зале глаза не просто сочувствующие, а такие, которые смотрят на вас с теплотой. Обращайтесь к этим слушателям почаще. Тем более что это правило любого оратора — смотреть в глаза аудитории. Только избегайте распространенной ошибки — нельзя отдавать предпочтение в контакте глазами кому-то одному или нескольким людям, а про остальных забывать! Хороший оратор держит глазами всю аудиторию, он успевает посмотреть и вдаль, на последние ряды, и обратиться взглядом к тем, кто сидит совсем рядом. Помните: как только вы кого-то выбираете в «любимчики», пусть даже бессознательно, 90% аудитории мгновенно присоединяется к тем, кто изначально был настроен по отношению к вам скептически.

Точно так же вы теряете связь с аудиторией, если вцепились двумя руками в листочек со своим текстом.

Оторвитесь от него, перескажите написанное своими словами. Сделайте заранее конспект. Или — повторюсь — выучите свою речь наизусть и прорепетируйте выступление много раз. Тогда вы сможете наизусть сказать все самое главное и при этом смотреть в глаза аудитории. А дальше у вас все пойдет как по маслу, потому что вы получите обратный импульс, поддержку из зала.

И вот тут к вам придет уверенность в том, что вы делаете все, как надо.

минуточку!

Лично я очень не люблю, когда читают по бумажке. И при этом отношусь к бумагам хорошо. Как такое может быть?

Парадокс в том, что бумаги вам нужны, но чтение по бумажке — это очень опасно. Вы можете зачитать какие-то важные сведения, цифры, данные — то, что нельзя перепутать. Взять в руки бумагу и сказать: «Сейчас я вам прочитаю, будьте внимательны». А потом спросить аудиторию, все ли она поняла и не надо ли прочитать еще раз. Это, кстати, очень хороший прием. Тот самый интерактив, о котором мы только что подробно говорили! Но потом отвлекитесь от листка и говорите от себя.

Тут опять не могу не сказать о Путине. У него это получается блестяще. Как главе правительства ему приходится делать серьезные доклады, содержащие много цифр, но он обязательно находит момент и отрывается от листка бумаги. Он комментирует. И люди всегда ждут этих моментов. Ведь они свидетельствует о том, что оратор понимает, о чем говорит.

Так что долго читать по бумажке нельзя — аудитория вас проглотит. Прочитали что-то — отвлекитесь, проанализируйте, прокомментируйте, спросите, кто что понял, либо войдите в интерактив. И это будет свидетельствовать о вашей уверенности.

ПЕРВЫЙ БЛИН

У Ираклия Андроникова есть замечательный рассказ «Первый раз на эстраде» — о том, как его учили выступать и как он нарушил абсолютно все правила. Это один из самых любимых моих рассказов.

Неуверенность и волнение привели неопытного оратора к полному провалу. Идя на сцену мимо оркестрантов, он чуть не переломал им все инструменты. Он забыл все советы. Так, ему сказали: найдите в зале человека, который смотрит на вас с сочувствием.

И Андроников, которому в ту пору было чуть больше двадцати, уставился на незнакомую старушку в тридцать втором ряду и стал посылать ей какие-то сигналы и подмигивать. Ему сказали, что нужно говорить просто, ясно и доходчиво.

И первая фраза, которую произнес Андроников, рассказывая о композиторе Танееве, была такой: «Танеев родился от отца и матери».

В заключение, уже после выступления, он безнадежно испортил одолженные ему на один вечер лакированные туфли.

В общем, это был полный провал.

Но к чему он привел? К появлению великого Андроникова, оратора и рассказчика, лучше которого трудно себе представить.

Значит, он обрел уверенность в себе. Так что пусть вас греет простая мысль: если первый блин и вышел комом, то второй будет лучше, а третий совсем уж хорош. Вкусный, тонкий, поджаристый!

А теперь вернемся к приемам, которые помогают справиться с волнением, а значит, и с неуверенностью. Некоторым из них учат в театральных училищах. Например, есть техники, основанные на задержке дыхания, которые помогают справиться с волнением. Но мне не хочется сейчас пересказывать то, что написано в книгах, которые вы можете взять и прочитать. Кроме того, все это легко найти в Интернете.

Я же буду говорить о том, что твердо знаю на собственном опыте и на опыте людей, с которыми общаюсь: волнение — это хорошо, но если оно чрезмерно — это плохо, и победить его можно, тренируясь. А еще — опираясь на внимание зала, на общение с ним и на ситуацию успеха, которую вы должны создать себе сами. Вы сразу почувствуете, когда этот успех придет к вам! Кстати, ситуацию успеха вы можете создать, если позовете в качестве «фокусной группы» самых близких, приятных вам людей. Вы не будете волноваться так сильно, как обычно, а их похвала может вас окрылить!

Уверенность надо демонстрировать. Такая демонстрация приведет к тому, что вы действительно станете более уверенным человеком.

Надо правильно одеться, комфортно и достойно. Надо хорошо начать, уверенно вступить в общение. Вы все знаете приметы этого уверенного стиля поведения.

Например, не надо приходить в аудиторию заранее. Лучше прийти минута в минуту или на полторы-две минуты позже. Войдите в зал и спросите: «Все готовы? Выключаем сотовые телефоны. Я специально зашел (*или зашла*) на полторы минуты позже... Я здесь уже пятнадцать минут и успел(-а) довольно много узнать о вашем институте (*или заводе — не знаю, где вам приходится выступать*). А сейчас давайте работать». Это будет хорошо.

А вот если вы пришли заранее, и люди заходят в зал, общаются, а вы слоняетесь тут, между ними, — это неправильно.

Есть какие-то нюансы, которые демонстрируют, что в аудиторию входит уверенный в себе, достойный человек, который может рассказать то, чего никто, кроме него, не расскажет.

Это чрезвычайно важно! Это харизма. Она может быть дана от природы — и это более легкий путь, хотя и очень опасный, потому что люди часто излишне эксплуатируют природные данные и начинают расслабляться, плохо готовиться, мало общаться с аудиторией, надеясь на свои способности.

А бывает харизма приобретенная — на основе собственных ошибок, переживаний, непрерывных попыток, с помощью упражнений и огромной работы над собой — и это более надежный путь, поверьте мне!

ПЛЮС И МИНУС

Я надеюсь, что вы отличаете уверенность от самоуверенности.

Об этом я хотела бы сказать отдельно. Это абсолютно разные понятия. Уверенность — со знаком плюс, самоуверенность — со знаком минус. И когда вы становитесь публичным человеком, то есть предъявляете себя другим людям — неважно, два человека вокруг вас, три или двести, — они очень точно улавливают эту разницу.

Несколько секунд, максимум минут, уходит на то, чтобы люди определили, уверенный перед ними оратор или самоуверенный.

Самоуверенность — это когда человек упивается собой, и демонстрация уверенности в себе отнимает у него слишком много времени.

Уверенный человек — это тот, кто точно знает, что он необходим данной аудитории, потому что именно он обладает некими знаниями, в которых люди нуждаются, и именно он способен донести до них эти знания.

Чувствуете разницу, да? Поэтому, пожалуйста, обратите на это особое внимание.

Мне часто приходится наблюдать самоуверенных ораторов. Сразу могу сказать, что политикам самоуверенность не вредит.

Как-то мне довелось вести прямой эфир с кандидатами в президенты России. Это были еще времена Ельцина, 1996 г. До выборов оставалось два дня. Сам Ельцин на тот эфир не пришел. Но были все остальные: Явлинский, Зюганов, Тулеев, Мартин Шакум. Помните такого кандидата в президенты? Ну, и Жириновский, естественно.

Я наблюдала за тем, как эти люди входят в студию, как они ведут себя, как одеты. В одежде, кстати, как и всегда, победил Жириновский, потому что все пришли в серых костюмах, а он пришел в ярко-желтом, канареечного цвета пиджаке. И это был грамотный ход, потому что представьте себе телевизионную картинку: сидят шесть мужчин в сером и рядом с ними — человек в желтом. Конечно, все взгляды устремляются на это яркое пятно.

Все гости в студии были, безусловно, уверенными в себе людьми. Но случилось так, что самоуверенность и блистательная, популистская речь Жириновского, рассчитанная на определенную аудиторию, совершенно затмила выступление уверенного в себе, но рассчитывающего на другую целевую аудиторию Явлинского.

И мне как модератору, человеку, который вел этот эфир и старался предоставить всем равное количество времени и равные шансы на общение с избирателями, было безумно интересно наблюдать за этим процессом и руководить им.

Я точно понимала, что есть вещи, которые возможны для Жириновского и абсолютно невозможны для Явлинского.

Если самоуверенность Жириновского только добавляла ему баллов в глазах людей, которые либо «по приколу», как многие говорили, либо из чувства протеста, либо просто потому, что он им нравился, собирались голосовать за него, то Явлинский, рассчитывавший на поддержку интеллигенции, не мог позволить себе такого поведения, как у Жириновского, и строго держал себя в рамках.

Я думаю, что вам стоит поговорить с близкими людьми, чтобы понять, бывают ли у вас такие моменты, когда вы переходите грань, за которой ваша уверенность становится излишней самоуверенностью.

Очень интересно, что в школе всегда находятся такие активисты, которых не любят другие дети.

Это отличники и карьеристы, которые не дают никому ничего сказать. Они привыкли всегда быть первыми, они любят быть умнее всех, постоянно демонстрируют себя и очень любят слово «я».

Часто этих людей ждут потом большие разочарования и переживания. Если это сильные и талантливые люди, они выходят из них закаленными и потом сами смеются над собой. И учатся видеть в окружающих достойных партнеров.

Понимаете, о чем я говорю? Призывая вас быть уверенными ораторами, я очень хотела бы призвать вас быть точными в проявлениях своей уверенности, не кичиться собой, находить правильную интонацию. И опять же уметь где-то посмеяться над собой. Если вдруг понесло — вот, меня все слушают, а вы не слушаете, я тут перед вами такой-то и такой-то, на меня тысячи ссылок в Интернете и сам Путин наградил меня орденом, — добавьте потом с улыбкой, что это был рекламный ролик оператора такого-то. А теперь, мол, перейдем к лекции.

Это очень важно, и я хочу, чтобы вы усвоили то, что я сказала, ведь прочитать и усвоить — это не одно и то же, так же, как слушать и услышать.

ВЫВОДЫ

- ■ Есть харизматичные люди, которые легко демонстрируют уверенность в любых ситуациях, и есть люди, которые приобретают уверенность путем тренировок и усилий.
- ■ Надо отличать уверенность от самоуверенности, хотя для политиков и шоуменов самоуверенность — это нормально.
- ■ Волнение необходимо любому оратору, как бензин для машины, но нельзя допускать, чтобы «бак» был перелит.
- ■ Волнение можно победить путем репетиций, тренингов, а также создав несколько «ситуаций успеха».
- ■ Существуют актерские методики снятия волнения, с которыми полезно ознакомиться.

ЗАДАНИЯ

1. Напишите план своего выступления, переверните листок, постарайтесь сосредоточиться и вспомнить самые важные моменты. Проверьте. Знание материала придает уверенности!

2. Организуйте фокус-группу своих преданных поклонников и перескажите им речь. Попросите не критиковать вас, а только отметить то, что получилось хорошо.

3. Запишите себя на диктофон, послушайте, не дрожит ли голос. Перепишите с другой интонацией, более напористой. Сравните — какая манера вам по душе.

4. Попробуйте говорить только на выдохе, причем набирайте воздух так, чтобы на диктофоне была тишина.

5. Учитесь держать паузу, это всегда придает уверенности. Спросили зал о чем-то — подождите спокойно, пока не раздастся ответ (можете даже заранее договориться с кем-то, чтобы не волноваться излишне!). Если забыли следующий тезис — вернитесь к предыдущему, предложите залу повторить то, что только что сказали. Это даст вам необходимую передышку.

   Постарайтесь на практике применить тезис — если у вас проблема, лучше поделиться ею с залом, тогда он вас поддержит!

Глава 11

Предварительная подготовка

Я думаю, каждый из вас согласится со мной в том, что, если есть возможность предварительно подготовиться, ее обязательно надо использовать. Не стоит надеяться на чудо или рассчитывать на свои природные способности — быструю реакцию и хорошее владение словом.

Помните знаменитую фразу: лучший экспромт — хорошо подготовленный. Всем иногда удается с ходу сказать что-то удачное, но вероятность выдать «не то», а потом переживать по этому поводу, куда выше.

Я уверена, что подготовиться можно даже в ситуации, когда вам предлагают выступить неожиданно — например, просят сказать тост за столом. Вы можете предложить налить еще вина, можете сказать, что будете говорить только после кого-то другого — и то и другое будет выглядеть пристойно и деликатно, хотя на самом деле вы просто хотите потянуть время, чтобы собраться с мыслями.

Но если и такой возможности нет, у вас в запасе остаются те несколько секунд, когда люди затихают и обращают на вас свои взгляды.

Я советую всегда ждать этого момента.

Как уверенный в себе человек вы должны дождаться полного внимания со стороны аудитории, какой бы она ни была. Кстати, это лучшее свидетельство уверенности оратора в себе — когда он начинает говорить, в аудитории стоит полная тишина.

Пока люди шепчутся, шелестят бумажками, усаживаются на свои места или разговаривают по телефону — не начинайте говорить. Но если установилась тишина — вы должны оправдать внимание!

Если вам нечего сказать — лучше не выступать. А если решили выступить — надо сказать что-то такое, что порадует, позабавит или, наоборот, заставит задуматься… Вы должны достичь именно той цели, которую поставите перед собой.

Предварительная подготовка — как ни странно — в основном и заключается в том, чтобы определить и продумать следующее:

- цели и задачи своего выступления (любого рода и жанра — от серьезного доклада до веселого тоста за столом);
- главную мысль (или месседж, как теперь модно говорить);
- параметры выступления — хронометраж, где и как стоять или ходить;
- начало и финал;
- какую-то яркую «фишку»;
- детали интерактива, игры с аудиторией.

Видите, как много всего надо обдумать заранее!

ДОМАШНИЕ ЗАГОТОВКИ

Мне часто приходится наблюдать, как во время собрания, производственного совещания, корпоративной тусовки кто-то берет любой клочок бумажки, например, салфетку, которая лежит на столе, и начинает что-то записывать.

Почему он это делает? Потому что это тоже процесс подготовки к выступлению. Очень полезно бывает зацепиться за то, что говорили люди перед вами. Это сразу вызывает интерес.

Можно начать с таких слов: «Как сказал такой-то това_ «Вот с этим я согласен…», «Я бы поддержал вот это…». Но потом обязательно надо добавить что-то свое. Потому что выступление на тему «Я согласен с предыдущим оратором» — это не выступление. Все должно вести к вашей главной мысли. Если вам удастся донести ее так, что после выступления люди подойдут к вам и будут обсуждать ее, — значит, все удалось.

И вы это сразу поймете. Удалось или не удалось — видно всегда: хотят вас отпускать или нет, подбегают к вам сразу после вашего выступления или не подбегают, задают вопросы или не задают.

Кстати, хорошее выступление обязательно должно вызывать вопросы. И я бы даже посоветовала планировать их при подготовке. Иногда я предлагаю своим ученикам задавать вопросы самим себе. Это делает выступление гораздо более живым. Надо заранее написать вопросы и самому на них ответить. Если аудитория их задаст — отлично. Если придется самому включить эти вопросы-ответы в свою речь — тоже хорошо.

Но если у вас совсем нет времени на подготовку (кроме тех нескольких секунд, о которых мы говорили)? Тогда хорошо, если в вашем выступлении будут присутствовать, во-первых, история, во-вторых, ирония, в-третьих, искренность.

Это то, на что люди всегда реагируют прекрасно.

Мы уже говорили об умении посмеяться над собой. Вспомним, как это делали великие люди. Любимый всеми Зиновий Гердт говорил про себя, когда у него вырос животик: «Это не живот. Это моя трудовая мозоль». Фаина Раневская, упав на улице, сказала: «Поднимите меня, народные артистки на улице не валяются». А после одного неудачного фильма она заметила: «Сниматься в плохом фильме — все равно что плюнуть в вечность».

Я думаю, что вам очень пригодится книга Виктора Шендеровича «Изюм из булки». Она хорошо написана и легко читается. Там много историй про известных людей, которые легко запомнить. У каждого из нас есть свои любимые герои, и очень полезно иметь наготове байки, которые можно использовать, если не получается серьезно подготовиться к выступлению.

Чтение такой книги — тоже подготовка, причем сразу ко многим выступлениям. Это создание нужных файлов, которые могут понадобиться вам в самых разных ситуациях.

Конечно, перегружать выступление цитатами и афоризмами не надо. О том, что они должны быть к месту, мы уже говорили в главе, посвященной шуткам и анекдотам. Но все-таки иметь что-то в запасе обязательно надо.

Хорошие рассказчики часто используют одни и те же байки и истории. С одной стороны, узнав об этом, я испытала разочарование, но с другой — с течением времени пришла к выводу, что это правильно.

Ведь может быть прочитана в разных аудиториях одна и та же лекция — просто каждый раз чуть по-разному, с учетом публики. Если она хорошо подготовлена, выверена, почему нет? Смотрим же мы несколько раз один и тот же фильм. Перечитываем хорошую книгу.

Заготовки должны быть обязательно, они вам помогают, однако к каждому выступлению надо всегда готовиться — отдельно.

Если перед вами сидят десятиклассники из математической школы-лицея — это один стиль общения, если учащиеся колледжа — другой стиль. Одну и ту же лекцию вам придется преподносить по-разному, разными словами объяснять то, что вы хотите до них донести, хотя тема — одна, и задачи схожи, и возраст одинаковый.

А если к вам с официальным визитом пришла иностранная делегация, тут уж все будет совсем по-другому. Вам надо понять, что это за делегация, почему она к вам пришла, почему ее к вам направили и что вашим гостям хочется узнать о вас. Естественно, надо собрать как можно больше сведений и о родной стране визитеров, и о самих этих людях. И я рекомендую начать разговор не просто с комплимента, но с какой-то знакомой для них информации, которой они по праву гордятся.

Таким образом, *предварительная подготовка бывает двух видов: непрерывный процесс сбора нужных материалов, включающий создание «архива» полезных историй, афоризмов, примеров, и работа по подготовке конкретного выступления — с учетом аудитории, задачи, времени, места, погоды и т. д.*

Надо стараться запоминать удачные анекдоты, шутки, афоризмы. Я замечала, что хорошие ораторы имеют записные книжки, где фиксируют интересные цифры и факты. Дело в том, что память может вас подвести, и в нужный момент все вылетит из головы. Вот тогда-то маленькая записная книжечка придет на помощь. Порой, если вы услышали хороший анекдот или байку, достаточно записать всего одно слово, но по нему потом можно будет восстановить всю историю. Особенно нужны такие «подсказочки» людям, не очень уверенным в себе.

Конечно, есть ораторы, которые предпочитают выступать спонтанно, и делают это прекрасно!

Но — мы уже говорили об этом — таких людей мало. Как правило, они интуитивно чувствуют ситуацию и внимательно следят за ходом дискуссии, чтобы понимать, что в данный момент хочет услышать аудитория. Они используют ситуацию и становятся победителями, так как все аплодисменты и внимание публики достаются именно им. Например, аудитория устала… А впереди еще несколько ораторов, и довольно-таки скучных. Хороший модератор обязательно найдет возможность развеселить аудиторию, успокоить ее, сказав, что совсем скоро будет перерыв, и сделает это так, что оставшееся время пройдет эффективно и интересно.

СБОР ИНФОРМАЦИИ

Знаете замечательный анекдот о грузинском тосте? На юбилее уважаемого человека встает грузин и говорит: «Я хочу, чтобы ты умер». Пауза. Все в шоке. А он спокойно продолжает: «Нет, не сейчас, а через сто лет. Причем я хочу, чтобы ты не просто умер, а чтобы тебя застрелили». Гости ничего не понимают. До этого все говорили, какой юбиляр хороший, замечательный, красивый, какие у него мама, папа, девушка, а тут — хочу, чтобы тебя застрелили! А оратор спокойно продолжает: «Да не просто так, а из ревности!» И дальше — уже без всякой паузы: «И чтоб ты дал к этому повод!»

Вот это тост, понимаете?! Этот человек пожелал своему другу долголетия, здоровья, любви, долгой мужской жизни… Но сделал это на пределе эмоций, на острие ножа. Конечно, такое запоминается надолго.

Я привела этот анекдот в качестве примера того, как приятно опрокинуть сложившуюся атмосферу и ситуацию. Такие ораторы всегда берут огонь на себя. Надо быть очень уверенным в себе человеком, чтобы так рисковать.

Но они на вес золота, эти люди. Веселые, харизматичные, интересные. За ними ходят толпами, их зовут в качестве тамады, вокруг них образуется кружок, когда собирается компания друзей. Я думаю, каждый из вас знает таких людей.

Но если мы с вами не такие, значит, нам надо готовиться. А как готовиться и сколько? Какие я могу дать советы?

Во-первых, надо всегда знать, перед кем вы выступаете, потому что вся ваша подготовка может оказаться напрасной, если вы попадете «мимо» аудитории. Вам надо точно понимать, кто эти люди, сидящие перед вами. Устали ли они сегодня? Где работали, откуда пришли, каков их возраст, кого больше — мужчин или женщин, кто выступал перед вами или будет выступать после вас? Вам надо как можно больше разузнать о мероприятии, в котором вы участвуете, и о ваших слушателях. Лишней информации в этом случае быть не может. И если вы каким-то образом используете эту информацию в своем выступлении, это будет прекрасно! Аудитория всегда чувствует внимание к себе и очень благодарно реагирует на то, что вы потратили свое время и узнали какие-то подробности о жизни и работе своих слушателей.

Даже минимальные сведения, такие, например, как последний приказ директора по организации (вы можете увидеть его на доске объявлений по дороге в актовый зал), или известная история успеха, связанная с этой компанией, сразу располагают к вам аудиторию, дают вам огромный запас прочности. У людей благодарно сверкают глаза, им приятно, что лектор не на словах, а на деле демонстрирует интерес к аудитории, уважает ее.

Интернет дает возможность найти сведения о любой компании и практически о любом человеке, и при подготовке к выступлению этим обязательно надо пользоваться.

Предварительная подготовка должна начинаться со сбора достоверных сведений о тех людях, перед которыми вам предстоит выступать.

Слово «достоверный» означает, что каждую цифру и фразу надо перепроверить трижды, потому что в Интернете полно ошибочных сведений и вы можете попасть впросак.

К сожалению, в моей практике были случаи, когда приходилось краснеть, так как вместо ожидаемой радости я наблюдала смущение людей, которые стеснялись поправить меня в тот момент, когда я бодро сообщала им сведения о них самих, перепутав важные детали. Это, конечно, недопустимо. Если есть сомнения в правдивости и достоверности информации, лучше вообще ничего не говорить.

Приведу пример. Меня пригласили на большой завод поработать с топ-менеджерами, поучить их выступать публично. Я набрала много фактов из жизни предприятия и даже посмотрела рекламный фильм о нем, понимая, что на первом занятии надо завоевать сердца этих преданных своему заводу людей, почти каждый из которых был представителем целой заводской династии.

Но, к великому сожалению, я плохо разбираюсь в вооружениях, а завод был военным — одним из уникальных «закрытых» оборонных предприятий. Пришлось засесть за учебники, поговорить со знающими людьми. Я подготовилась, я гордилась собой, мне не терпелось удивить аудиторию.

Я начала свое выступление с выражения восторга перед людьми, которые укрепляют обороноспособность России и занимаются производством высокотехнологичного оружия.

В зале возникло смятение. Оказалось, что передо мной сидели руководители «гражданского» направления, занимавшиеся выпуском стиральных машин и никакого отношения к оружию никогда не имевшие.

Что же меня подвело? Про завод я говорила правильно, но надо было обязательно поинтересоваться, какие именно топ-менеджеры придут на лекцию и каким именно производством они руководят.

Завод был гигантским, и внутри него, как в матрешке, оказалось много других «заводиков».

Итак, *первый этап — сбор достоверной информации об организации, в которой вам предстоит выступать.*

Второй этап — сбор вопросов от ваших будущих слушателей.

Я знаю многих ораторов, причем известных людей, которые, прежде чем прийти в аудиторию, собирают вопросы от нее. Это грамотно. Ведь важно не только знать аудиторию, но и понимать, чего она ждет от вас и вашего выступления. Я тоже теперь так делаю. И другим советую.

Например, прежде чем Владимир Познер пришел с выступлением в столичную кинокомпанию «Амедиа», он попросил меня собрать вопросы от аудитории, чтобы узнать, что именно от него хотят услышать. И действительно, он может рассказывать про фильм «Одноэтажная Америка», он может рассказывать про профессию журналиста. Он может рассказывать про свой опыт работы в Америке. Он может рассказывать свою биографию, она у него невероятная. Он родился во Франции, жил в Америке, изучил русский язык, когда ему было 19 лет, и владеет им так, что можно позавидовать. Мы собрали вопросы от аудитории, распределили их по темам, обратили внимание на повторяющиеся, сформировали документ — и отправили его Познеру за три дня до выступления.

Когда он говорил, тишина в зале свидетельствовала о том, что лектор попал «в точку», — он рассказывал именно то, что интересовало молодых продюсеров, которые проходили стажировку в «Амедиа» и одновременно учились во ВГИКе. Слушатели остались очень довольны и потом неоднократно цитировали самые интересные и острые моменты лекции. Познер тоже остался доволен, ведь ему было легко «угадать» запросы аудитории.

Итак, чем лучше вы подготовитесь к контакту со слушателями, тем точнее он будет. Знание аудитории — обязательный пункт вашей подготовки.

Как мы только что договорились, это знание вы можете добывать сами, а можете воспользоваться методом анкетирования. Но лучше всего сделать и то, и другое.

ПРАВИЛО ТРЕХ

Далее — подготовка самого выступления. Вам надо ответить на вопрос: что вы хотите донести до аудитории? Помните о «правиле трех».

Можно сказать только три вещи. Первое, второе и третье люди могут запомнить. А четвертое, пятое и так далее не запомнят никогда.

Я узнала об этом простом правиле из учебников и запомнила его навсегда. И очень рада тому, что многие мои ученики тоже усвоили его.

Первое, второе, третье. Ваш ребенок идет в магазин. Вы говорите: «Купи, пожалуйста, соль, спички, сахар». Если к этому списку вы добавите подсолнечное масло, он не запомнит ничего и будет звонить вам по мобильнику и спрашивать, что надо купить.

Как бы ни была важна задача вашего выступления, как бы много ни хотелось вам сказать, помните: первое, второе, третье.

Причем самым важным должно быть либо второе утверждение, либо третье, но не первое. И желательно, чтобы в конце выступления вы все три повторили заново.

Третий пункт подготовки: очень хорошо, если, учитывая хронометраж вашего выступления, вы заранее подготовите какую-то шутку или байку, которую скажете где-то в середине, когда внимание слушателей ослабеет.

Также хорошо, если вы продумаете момент интерактива.

И наконец, обязательно нужно продумать и вступление, и финал, от которых, как мы с вами уже говорили, зависит подчас общее впечатление от всей лекции или доклада.

Мне кажется, что вам легче будет понять, как именно надо готовиться к выступлению, если я приведу в качестве примера свое любимое занятие из серии «Тренинг для тренеров». Это название не означает, что участники тренинга — профессиональные педагоги, тренеры, ведущие мастер-классов. Как правило, это люди, далекие от педагогики, — топ-менеджеры, журналисты, продюсеры, директора заводов и руководители департаментов. Профессии и опыт работы — самые разные.

Но каждый участник осознает, что ему приходится передавать опыт и знания другим людям, ставить вопросы перед коллективом и вышестоящим руководством, принимать участие в решении общих проблем. А это означает, что надо уметь говорить так, чтобы тебя слушали с интересом и понимали!

Всем участникам тренинга я предлагаю подготовить 15-минутное выступление по той теме, которая им близка, понятна, интересна.

Их задача — за четверть часа донести суть своей темы до аудитории, которая настроена позитивно, но далека от специальности выступающего и многое «недопонимает».

На самом деле так и бывает, если в одной аудитории собираются директор по финансам, креативный директор и директор по хозяйственной части. Все они работают в одной компании, но их работа редко пересекается, и они мало знакомы со спецификой деятельности друг друга.

На подготовку я обычно даю вечер, и одни участники тренинга приносят полностью написанные доклады, а другие — не готовятся совсем, надеясь на свою репутацию в коллективе и умение выступать.

За одно занятие мы, руководствуясь правилом «трех», разбираем три доклада, но главная особенность тренинга — это необходимость перед выступлением заполнить небольшую анкету, в которой всего три вопроса:

1. Сколько минут вы собираетесь выступать?
2. Какова главная мысль вашего выступления?
3. Каков самый интересный момент выступления, который запомнит аудитория?

Интересно наблюдать, как мучаются некоторые докладчики, заполняя эту анкету. А ведь там нет ни одного вопроса, на который им должно быть трудно отвечать! Если трудно — значит, плохо подготовились!

Далее следует сам доклад, причем я прошу выступающего заранее снять часы с руки и слежу за тем, чтобы в аудитории не было настенных часов.

И вот доклад закончен. Теперь я задаю те же вопросы аудитории, а потом мы открываем анкету и сравниваем ответы.

Очень полезное упражнение! Я могу утверждать, что абсолютно все участники таких тренингов стали по-другому относиться к своим выступлениям!

Потому что были случаи, когда ответы аудитории и анкеты не совпадали ни по одному пункту.

Наш уважаемый топ-менеджер собирался говорить 10 минут, а говорил 20. Он считал, что главной темой выступления будут «успехи компании за прошедший год», а аудитория назвала совсем другую тему!

Надо ли говорить, что самый интересный момент, который он указал в анкете, остался и вовсе никем не замеченным!

Осознавать это тяжело, но надо через это пройти, иначе человек никогда не поймет, что не существует знака равенства между понятиями «хочу сказать» и «хочу, чтобы меня услышали»!

Конечно, бывало и такое, что ответы аудитории полностью совпадали с ожиданиями выступающего, о которых он написал в анкете. Причем, как правило, такие докладчики совсем не задумывались над вопросами анкеты, заполняли ее легко и быстро.

О чем это говорит? О том, что они УЖЕ ответили на эти вопросы самим себе, то есть они действительно подготовились.

Когда ответы аудитории и ответы на вопросы анкеты полностью совпадают, я поздравляю оратора с успехом, ему аплодирует аудитория, это как выстрел в десятку!

ГЛАВНАЯ МЫСЛЬ

Итак, при подготовке к любому выступлению вы должны сделать выборку из огромного количества информации и определить «первое, второе, третье» из того, что хотите сказать.

Другой важный момент — определить, какую главную мысль аудитория должна усвоить, и обязательно повторить ее в финале. Причем желательно, чтобы повторили ее не вы. Я лично люблю спросить аудиторию, что из сегодняшнего занятия запомнилось больше всего. Это очень хороший прием, взятый мною из опыта иностранных тренеров. Они всегда спрашивают каждого человека — если аудитория небольшая, на 10–15 человек, это сделать легче, но даже если большая, надо опросить людей, сидящих в разных концах зала, — что запомнилось? Можно задать этот вопрос и на следующий день, тогда прием становится еще интереснее, потому что, если у вас идут два выступления подряд, аудитория сразу начинает работать, заводится с пол-оборота. Одно выступление подхватывает другое, выстраивается цепочка, высвечивается главная мысль.

А если у вас всего одно выступление, спросите в самом конце: что было сегодня нашей главной мыслью?

Но оставьте себе пять-семь минут на комментарии, потому что люди всегда называют разное, это настоящий интерактив, и таким образом аудитория вспоминает весь материал, вспоминает сама, что гораздо лучше, чем когда это повторяете вы.

И последнее, о чем я хочу вас предупредить: как бывает излишнее волнение, так бывает и излишняя подготовка, когда вас буквально держит бумага, все эти пункты, которые вы написали, и вы мало уделяете внимания реакции аудитории на то, что и как вы говорите.

А еще иногда бывает, что материал «не идет».

Люди сразу же, с первой минуты не поняли, что вы говорите, стали задавать вопросы, вы вступили в полемику, начали объяснять и осознали, что время безвозвратно уходит. Что делать? Надо отнестись к этому спокойно. Нужно еще в период подготовки примерно представить себе все подводные камни, которые могут вам угрожать. Что будет, если вот это окажется непонятно, сколько времени и как вы это будете разжевывать.

Как можно в этом случае через что-то перескочить к финалу.

Если вы потратили время на предварительную оценку знаний своей аудитории и на сбор вопросов, то тем самым защитили себя от многих неожиданностей. И все же помните, что это непросто… Вот сейчас я сижу перед компьютером и пытаюсь что-то сформулировать, поделиться опытом…

Я понимаю, что вы будете это читать. Поэтому очень стараюсь. Но это не так легко — пришел, увидел, победил!

Главное — повторюсь — не сказать, а быть услышанным. Главное — реакция людей на то, что вы скажете. И если вы хотите быть по-настоящему хорошим оратором, то должны понимать, что им может стать человек, которого воспринимают именно так, как ему хотелось бы.

Этот человек создал свой стиль, свой имидж. С ним интересно, за ним идут, его хотят слушать.

Сначала на подготовку у вас будет уходить очень много времени. Но результат стоит того.

Помните: худшее, что может быть, — это скучная, однообразная, да еще с плохой дикцией речь, содержащая огромное число различных идей и предложений, к тому же зачитанная по бумажке. Но надеюсь, что с теми, кто прочитал эту главу, такого не случится.

ВЫВОДЫ

- Даже в ситуации острого цейтнота надо стараться подготовиться к выступлению.
- Есть непрерывная подготовка (сбор необходимой информации, создание «файлов») и специальная — к конкретному выступлению.
- Перед выступлением главное — определить ключевые моменты: хронометраж, начало и финал, главную мысль, «фишку», интерактив.
- Существует правило, согласно которому надо стараться излагать три главных тезиса и не больше.
- Подготовка к выступлению должна включать сбор сведений о вашей аудитории и изучение ее ожиданий.

ЗАДАНИЯ

1. Вспомните ваше последнее выступление и попробуйте определить, чего в нем недоставало. Вспомните, как вы готовились, на что обращали внимание.

2. Выберите любую статью в Интернете — из тех, что вам интересны. Подготовьте сообщение на эту тему — на 5–7 минут, определив заранее параметры: начало, финал, три главных тезиса, «фишку» и возможность интерактива.

   Позовите друзей, сослуживцев. Сделайте сообщение и попросите их ответить на вопрос: какова была ваша главная мысль? Что было самым интересным? Сколько минут вы говорили? Сделайте для себя выводы.

3. Возьмите несколько разных статей, постарайтесь в каждой из них определить три главных тезиса. Приучайте себя к цифре «три».

4. Во время совещания постарайтесь зафиксировать интересные тезисы выступающих и «зацепитесь» за один из них, опровергните или подтвердите его. Это — тоже предварительная подготовка.

5. Подготовьте тост для выступления на юбилее вашего родственника. Постарайтесь заранее определить, сколько времени вы будете говорить, чем закончите и с чего начнете, какая история ляжет в основу тоста. Вы почувствуете себя уверенно, и вам захочется выступить, даже если раньше вы не собирались этого делать!

Глава 12

Внешний облик

Главное, чтобы костюмчик сидел, помните? Замечательная фраза. Я и сама думаю, что костюмчик — это очень важно. Провожают по уму, но встречают, как вы знаете, по одежке. Как же одеться грамотно, если вы знаете, что вам предстоит выступать, и вы волнуетесь, и это выступление важно для вас? Мне кажется, я могу ответить на этот вопрос. Перед кем бы вам ни предстояло выступать — перед коллегами, перед незнакомой аудиторией или перед будущим работодателем, — в любом случае при выборе костюма вы должны руководствоваться двумя соображениями.

Первое — это соображение комфортности. А второе — соображение уместности. *Формула идеального костюма для выступления: комфортность, помноженная на уместность.*

Потому что вам может быть очень комфортно в рваных джинсах и любимой маечке, но это совершенно неуместно, если вы идете к работодателю.

Однажды я отправила свою любимую ученицу устраиваться на работу к своему тоже любимому бывшему ученику. И очень была разочарована, потому что ее не взяли. Причем исключительно потому, что она неправильно оделась. Мой ученик мне так и сказал: «Нина Витальевна, может, девочка она и неплохая. Но как только она пришла в офис, где я работаю, в совершенно неправильной одежде, я сразу понял, что не захочу ее больше видеть».

И только из-за этого она и проиграла! Хотя интервью прошло удачно. Но если она позволила себе такую серьезную ошибку, значит, будет совершать и другие. Так он решил, и в этом он прав.

Если вам интересны подробности, могу сказать, что девушка пришла устраиваться на офисную работу в серьезный московский банк в джинсах и теплом свитере.

Она выполнила одно условие — комфортность. И напрочь забыла о другом — об уместности! В банках в такой одежде не работают, это не принято, это дурной тон. А в кинокомпании, где она работала до этого, было бы странно встретить человека в строгом костюме и белой рубашке. Вроде бы условность, но очень важная.

Это как правила игры, которые никому не позволено нарушать. Иначе рискуешь навсегда остаться зрителем, так и не став участником!

ПОД ПРИЦЕЛОМ ВЗГЛЯДОВ

Понятие комфортности специфично и строго индивидуально.

Что комфортно для вас — знаете только вы сами.

А вот уместность — это социальное знание, и тут надо наблюдать, читать, спрашивать. Например, если вы мужчина и вам комфортно в туфлях с закругленным носом, вы должны понимать, что они будут уместны не во всех ситуациях. Что касается женщин… Если честно, нам, женщинам, редко бывает комфортно в деловом костюме. Жакет сковывает, юбка обтягивает и требует правильной обуви и чулок, а строгие брюки подчеркивают некоторые округлости женской фигуры и прибавляют пару размеров…

Но если вы устраиваетесь на работу в банк, уместен будет только деловой костюм, а значит, вам остается из всех деловых костюмов выбрать наиболее удобный для вас. Ну, если вы любите носить яркую маечку навыпуск, а не заправлять ее в юбку, наверное, можно себе это позволить… И все же я посоветовала бы перед важной встречей или выступлением поинтересоваться — а как принято в этом сообществе, среди этих людей?

Почему это так важно? Потому что одежда очень влияет и на производимое вами впечатление, и на вас самих. Если вы идете в чем-то чужом, как бедный Андроников в чужих лаковых ботинках, которые были малы ему на два размера, вам чрезвычайно неудобно, неловко, и вас это очень сильно беспокоит.

Я бы, например, не советовала идти на важное выступление в новой обуви, потому что, если она жмет, это очень действует на нервы, а значит, отражается на вашей мимике, вашем поведении, может быть, даже на цвете лица. Обувь уж точно должна быть очень комфортной.

И, тем не менее, уместной. Поэтому женщинам все-таки иногда приходится ходить на каблуках, даже если не хочется. Лично мне кажется, что это всегда сложно. Но молодые девушки сейчас почти все ходят на каблуках и умеют делать это хорошо. Я ими восхищаюсь. В кроссовках, конечно, комфортнее, но в них мало куда можно пойти — на дачу или в турпоход. А в других местах ваши кроссовки вряд ли вызовут энтузиазм.

Зато заметят их все. И об этом тоже важно помнить: первое, что делают с человеком, который претендует на то, чтобы быть публичным, — его *разглядывают*. Разглядывают всего — одежду (ее — прежде всего), обувь, прическу. И, безусловно, обращают внимание на глаза.

У многих девушек, женщин они бывают слишком ярко накрашены — и все, это уже неудача, потому что вечерний макияж утром не уместен нигде. Конечно, если речь не идет о театральной сцене или о записи на телевидении, где стилисты сделают вам такой грим, который подходит данной программе.

ПРАВИЛА ДРЕСС-КОДА

Есть люди, которые редко ошибаются в выборе одежды. Но таких мало. Для всех остальных есть типовые советы. И я бы рискнула их дать.

Надеюсь, вы знаете о существовании такого дресс-кода, как официальный. Это деловые костюмы у мужчин и женщин, белые рубашки, галстуки, блузки определенных цветов. В нем есть масса ограничений, но я не специалист и не претендую на точные знания в этой области.

Все эти сведения можно найти в журналах, в Интернете, узнать у консультантов. Сейчас даже принято пользоваться услугами специалистов по покупке одежды — они называются шопинг-ассистентами. Если есть деньги — почему нет?

Такой консультант за один поход по магазинам может дать много полезной информации — по моде, стилю, востребованным брендам, ценам. Интересно, что некоторым моим знакомым удавалось даже сэкономить на таком шопинге, так как эти специалисты, как правило, имеют хорошие скидки в самых лучших магазинах и размер этих скидок окупает оплату их услуг!

Если речь идет о свободных профессиях — журналист, преподаватель вуза, художник, программист, — то для них принят так называемый стиль casual. Он самый распространенный и удобный. Casual предполагает брюки, свитера, кофты свободного стиля.

Иногда даже джинсы. Но с ними надо быть осторожным. Потому что не всякая аудитория отнесется к джинсам с пониманием. Вы должны знать, куда идете. Если перед вами сидят люди из банковской сферы или чиновники, то придется одеться более официально, чем вы привыкли. Тем не менее, если вы пришли как представитель свободной профессии, выбор вашей одежды может быть тесно связан с темой вашей лекции и даже специально продуман как ее важная деталь.

Например, я прихожу на тренинг публичности к тем же чиновникам и депутатам. В этом случае я одеваюсь не как они, я одеваюсь в стиле casual, но чуть более официально и чуть более нарядно, чем обычно. Не джинсы, а классические брюки, трикотаж, но не яркий, а черно-белый. Естественно, никаких цветочков! Потому что это будет настолько непривычно для моих слушателей, что слишком много времени уйдет у них на привыкание к моему образу. Если мой внешний облик окажется излишне смелым, он будет им мешать, и они невольно начнут сопротивляться тем словам, которые я буду говорить. В конце концов они и вовсе подумают: «А стоит ли нам воспринимать информацию от этого человека "в цветочках", если он уже сделал ошибку, придя к нам в таком виде?!»

Хочу также обратить внимание на размер декольте у женщин. Это тоже некий знак. Есть допустимая величина, есть вариант дневной, а есть вечерний. Достаточно закрытая кофточка, отсутствие броских украшений, висячих сережек — это правильный знак.

Забавно, что многие заграничные гости буквально впадают в ступор, увидев наших нарядных женщин с декольте и на высоких каблуках в ситуации, где гораздо уместнее спокойный стиль casual. Наших туристок легко узнать по стилю одежды в любых аэропортах мира, и одному богу известно, как они высиживают часами в самолетах и тащат чемоданы по высоким ступеням аэровокзалов в такой неудобной одежде и обуви!

С другой стороны, мои ученики из дальних регионов России дивились на знаменитых тренеров из компании ВВС и Медиаакадемии Нидерландов, которые приходили на занятия несколько дней подряд в одних и тех же затертых джинсах или в одном и том же растянутом свитере!

Конечно, есть «национальные особенности одежды», но я все же посоветовала бы создать хороший гардероб, состоящий из качественных однотонных вещей: брюк, юбок, хорошего трикотажа. Естественно, все это должно быть без катышков и пятен, всегда чистое и выглаженное. И обратите внимание на парфюмерию. По-моему, сейчас многие увлекаются ею слишком сильно. Я совсем не против приятных запахов, но лучше ограничиться легкими свежими ароматами, потому что любые другие — сладкие, тягучие, яркие — не всем нравятся и даже не всеми переносятся. Есть люди, страдающие аллергией на сильные запахи, и публичный человек должен учитывать это.

Итак, подведем некоторые итоги.

Требования уместности и комфортности предполагают, что:
- вы следите за модой и консультируетесь с теми, кому доверяете;
- вы учитываете вкусы аудитории и не шокируете публику;
- вы удивляете аудиторию неожиданной одеждой, только если это задумано вами специально, как «фишка» лекции.

НЕ КАК ВСЕ

Есть люди, которые не хотят быть как все.

Они рискуют, ищут и находят свой собственный стиль, который навсегда становится частью их имиджа.

В качестве материала для размышлений могу привести примеры людей, которые создали собственный стиль и придерживаются его.

Я много наблюдала за Леонидом Парфеновым и просто не могу не отметить, что этот человек одевается безошибочно, причем всегда в своем особом стиле — свободном, но при этом очень элегантном. Легкая небритость в сочетании с яркими курточками и кофточками, весьма дорогими, но с виду вполне небрежными — все это ему очень подходит.

Ясно, что Парфенов специально следит за этим. У него нет своего стилиста, но, говорят, его жена принимает большое участие в создании его имиджа.

Я не могу не восхищаться Познером — он безупречен!

Вот мы летим утром на ТЭФИ, и все сидят в самолете уставшие, помятые… Познер вроде бы одет как все — он в джинсах, кроссовках, каком-то трикотажном джемпере, в кепочке, — простой и доступный. И видно, что ему удобно, нигде ничего не давит. Но при всем при этом он остается Познером — потому что цвета хорошо сочетаются, и футболка у него не белая, а модная сиреневая.

Уже через два часа, когда мы прилетаем и он идет к участникам фестиваля ТЭФИ, его просто не узнать. Гладко выбритый, приятно пахнущий и совершенно по-другому одетый — элегантный, отутюженный, роскошный. Ну а потом, когда наступает время банкета и вручения призов, на нем уже и смокинг, и бабочка, и все это сидит на нем как влитое, и все это самых новейших фасонов, марок и брендов.

Есть стиль Познера, есть стиль Светланы Сорокиной, которая, будучи веселым и талантливым журналистом, всегда предпочитает более деловой стиль одежды, чем ее коллеги по цеху. Ее как-то трудно представить в красном, правда? А вот Татьяну Миткову — запросто.

Есть люди, которые сумели создать стиль не только для себя, но и для других. Стиль как возможность повторения найденного кем-то образа. Мы говорим «Парфенов» и понимаем, что такое стиль Парфенова. Мы говорим «Хакамада» и сразу представляем стройную яркую брюнетку в черном.

Есть — не знаю, как вы к нему относитесь, но он есть — стиль Ксении Собчак. Невозможно представить поэта Андрея Вознесенского без яркого шейного платка, а Михаила Жванецкого — без знаменитого рыжего портфеля.

А украинская «принцесса» Юлия Тимошенко? Ее стиль и одежда — предмет особого внимания всего мира и зависти многих женщин. Известно, что она много времени и внимания уделяет своему внешнему виду, понимая, что от ее новой кофточки, новой прически и нового костюма зависят не только итоги голосования на Украине, но и… место репортажей из Украины в мировых новостях.

Тимошенко, кстати, никогда не ходит в брюках, так как главный смысл ее имиджа и стиля — это женственность в сочетании с мужским умом, хитростью, силой. В прямом эфире украинского ТВ она расплела и заново заплела свою косу за семь минут, объясняя, как она это делает. Ее фотографии времен молодости демонстрируют совсем иной образ — энергичной шатенки современного европейского склада. Но надо признать, что у той девушки не было бы шансов в борьбе с нынешней Тимошенко — настолько точно выбран новый имидж и настолько точно она ему следует!

Однако присмотритесь — все костюмы и платья Юлии Тимошенко вряд ли комфортны и часто совсем не уместны! Так что в данном случае мы можем говорить об особом случае — о создании своего стиля.

А наш Жириновский! Я уже рассказывала, как он поразил меня однажды, когда явился на прямой эфир с участием кандидатов в президенты не в сером, как другие, а в ярко-канареечном пиджаке. Все взгляды были обращены только на него. Этот пиджак был ужасен, но задачу свою выполнил больше чем на 100 процентов, потому что задача таких дебатов — стать центром внимания! Любой ценой!

Интересно следить за часами у мужчин.

Рядом со мной как-то сидели Кирилл Клейменов и Познер, и я обратила внимание на то, какие разные у них часы. Кирилл Клейменов — главный редактор программы «Время», но он молодой парень, лет тридцати с небольшим, и часы у него навороченные, молодежные. Вне работы он одевается неформально — не как большой начальник, а как модный молодой человек, и явно предпочитает трикотаж приятных оттенков.

К вопросу о цветах: важно знать не только стиль, который вам идет. Важно знать, к какому типу вы относитесь — зима, весна, лето, осень? Это совсем не трудно. Уж чего-чего, а литературы на эту тему издано очень много, да и любой стилист владеет методикой определения «ваших» цветов.

Очень важно, когда люди в своей одежде сочетают теплые и холодные оттенки.

Я надеюсь, вы знаете: теплое — это все, что к огню. Это рыжее, желтое, красное. А холодное — это синие и серые тона.

Очень осторожными надо быть с белым.

Никогда не забуду случай, когда меня пришлось насильно переобувать. У меня были белые сапоги — дорогие и, собственно, единственные.

Дело было в начале 1990-х.

Мы с молодым губернатором Нижегородской области Борисом Немцовым полетели в Германию. Я тогда была депутатом Законодательного собрания, председателем Комитета по международным делам и в первый и последний раз в своей жизни стала членом официальной делегации от Нижегородской области. То есть ехала не как журналист, а как официальная дама

Конечно, я постаралась одеться правильно. У меня было несколько деловых костюмов, и я все их взяла с собой. Не люблю их, но что делать — пришлось. И еще на мне были эти единственные белые сапоги. На второй день вечером нас пригласили на прием к мэру небольшого немецкого городка. Я не знала, что согласно правилам этикета в белых сапогах, как и в белых рубашках, ходить на вечерний прием не принято. Это просто невозможно! И человек, который отвечал за нашу делегацию со стороны Германии, подошел ко мне, через переводчика попросил отлучиться минут на 40 в ближайший обувной магазин и дал рекомендации, что купить.

Я помню, что мне было очень стыдно! Я на всю жизнь запомнила эту неловкость и с тех пор стала тщательно следить за такими вещами.

Интересно, что в американской бизнес-школе мою дочь долго и тщательно обучали и подбору одежды, и правилам сочетания цветов, и тому, что бизнес-леди обязательно должна иметь в гардеробе и коктейльное, и вечернее платье определенных цветов. Она усвоила эту науку, и теперь уже мы берем у нее уроки.

МЕЖДУ БРЕНДОМ И СТИЛЕМ

Есть бренды — и вроде бы на любой вкус. Но у каждого человека есть свой стиль. Совмещение бренда и стиля — тоже непростое дело.

Многие неглупые люди в России ошибаются, когда принимают решение во всем довериться известным фирмам, маркам, дизайнерам. Само по себе известное имя, как и сама по себе красивая вещь, совсем не означают успеха для конкретного человека! В магазинах надо быть очень осторожными и помнить, что продавцы — плохие советчики, а зеркала почти всегда врут, делая вас куда более стройными, чем вы есть. Ведь конкуренция обязывает продавать и получать прибыль любой ценой!

Интересно, что даже в глянцевых журналах для модниц пишут, что ошибки при шопинге — это нормально, и если одну купленную вещь из трех вы носите с удовольствием — это уже успех!

Видите, как все непросто?

Понятие «формата» или дресс-кода. Понятие комфортности. Понятие уместности. И понятие собственного стиля.

Вот, казалось бы, королевская особа — она никогда не может принадлежать самой себе и должна соответствовать традициям бабушек и дедушек. Иначе зачем она нужна? Консерватизм — это святое для любой королевской особы. Мы с вами прекрасно знаем, как выглядит королева Великобритании Елизавета — строгие яркие костюмы с юбкой и коротким жакетом, ниточка жемчуга, шляпа, туфли на невысоком каблуке. Все как полагается!

Но в моей жизни было фантастическое событие, о котором я уже рассказывала, когда к нам в Нижний Новгород, в школу «Практика», приехала сама королева Нидерландов Беатрикс с сыном Вильгельмом Александром! И вы знаете, как она была одета?

Визит был официальным. Утром того дня она побывала у Путина, который тогда был Президентом России. Но никаких строгих костюмов — платье и жакет в цветочек плюс рыжая шляпка и рыжие перчатки — особый знак принцев Оранских!

Мы чуть не потеряли сознание. Я в своем официальном черно-белом костюме чувствовала себя некомфортно и втайне мечтала о тех вещах, которые остались висеть в шкафу.

Что касается профессиональных педагогов и тренеров, то они предпочитают придерживаться стиля, где уместность — на втором месте, а комфортность — на первом, потому что люди, которые много преподают и общаются с аудиторией, воспринимаются как свои. Им должно быть удобно. Я знаю многих блестящих ораторов, которые во время лекции садятся на стол или позволяют себе ходить, и поэтому одежда и обувь должны быть удобны. Женщина в короткой или узкой юбке, громоздящаяся на стол, — что может быть непривлекательнее этого зрелища?

А ведь вас будут разглядывать от и до — пожалуйста, помните об этом. Помните и о том, что сохранение индивидуального стиля — это тоже очень важно. Вряд ли вас поймут, если один день вы явитесь в образе «свободного художника», а на следующий — в образе «синего чулка».

Одежда для человека — это как рама для картины. От нее зависит впечатление, которое вы произведете, и поэтому она имеет огромное значение. И я буду очень сочувствовать вам, если вы не в том костюме попадете в ситуацию, когда вас разглядывают. Это неприятная история. А поэтому лучше подготовиться заранее. И если в вашем гардеробе нет чего-то нужного, немедленно пойдите и купите.

Уместность в сочетании с комфортностью сделают вас как минимум спокойным. Поиск своего собственного стиля — это риск, который может обернуться неудачей. Посоветуйтесь с теми, кто вас любит и знает. С теми, у кого хороший вкус.

И никогда не расслабляйтесь! Мода меняется, как меняются ситуации и аудитории, в которые вы попадаете.

Вы можете прекрасно подготовиться к выступлению и учесть все нюансы, но если ваша одежда окажется небрежно подобрана или между брючинами и носками будет мелькать полоска голой ноги — успеха вам не видать!

ВЫВОДЫ

- ◼ Одежда и внешний вид в целом — визитная карточка оратора.
- ◼ Надо знать дресс-коды и различия между ними, иметь в гардеробе несколько вариантов стилей одежды — от свободного до строгого и вечернего.
- ◼ Прежде чем идти к кому-то, надо узнать, какой дресс-код принят в данном сообществе, чтобы не попасть впросак.
- ◼ Главное правило при подборе одежды — комфортность в сочетании с уместностью.
- ◼ Прежде чем стремиться создать свой собственный стиль в одежде, надо стать узнаваемым и ярким человеком-брендом. Наоборот не получится!

ЗАДАНИЯ

1. Посмотрите внимательно вокруг себя и постарайтесь определить, какой негласный дресс-код существует в вашей организации и насколько хорошо вы в него вписываетесь.

2. Полистайте последние модные журналы и постарайтесь определить, что из увиденного подошло бы вам и в какой ситуации.

3. Займитесь своим гардеробом с точки зрения соответствия дресс-коду — разберитесь, сколько у вас деловых костюмов (от рубашки до обуви), сколько одежды в стиле casual, сколько вечерних нарядов.

   Плащ, пальто, куртки, обувь — вы должны перебрать все, продумав сочетания этих вещей в различных ситуациях, таких как деловая встреча, ужин в ресторане, поездка в командировку, выступление перед солидной аудиторией и т. д.

   Каждая задача, которая может быть поставлена перед вами, должна быть обдумана еще и с этой точки зрения — ЧТО НАДЕТЬ?

4. Посоветуйтесь или со специалистом, или с тем из ваших друзей, кто отличается хорошим вкусом, — какие недостатки есть в вашей манере одеваться? Как их можно исправить?

5. Полезно посмотреть на себя в новом облике — это можно сделать и в магазине, в котором вы прежде ничего не покупали, и в компании друзей, если вам позволят примерить что-то непривычное для вас.

Глава 13

Память

Вы не жалуетесь на память? А ну-ка попробуйте вспомнить от начала до конца хорошее стихотворение — из тех, что заучивали в школе или перед важным любовным свиданием! Помните? Отлично, поздравляю! Значит, вы, в отличие от многих других людей, тренируете свою память и не даете ей лениться.

И все же, даже если вы довольны своим умением хранить информацию на «файлах» в собственной голове и в любой момент можете ТОЧНО процитировать первоисточник, привести нужные цифры и факты, не заглядывая в шпаргалку и не оборачиваясь к экрану со слайдами, — знайте, что вам есть что совершенствовать.

Хорошая память — это чрезвычайно ценное качество, и особенно важно оно для оратора.

Хорошая память поражает людей и заставляет глядеть на вас, как на бога. И если вы обладаете этим даром, его необходимо тренировать и использовать для покорения аудитории.

Мой друг Георгий Молокин любит входить в аудиторию, читая наизусть «Графа Нулина». Заходит, оглядывает зал, усаживается и при этом читает чудесные, веселые, ироничные пушкинские стихи! А потом вдруг резко прерывает чтение и спрашивает: а что, собственно, я вам только что читал?

Потрясенная аудитория подавленно молчит, потом кто-нибудь смелый называет фамилию… Но уж если автора кто-то угадывает, то названия произведения не знает никто! Проверено много раз, поверьте мне.

Изображая священный ужас, Георгий начинает свои беседы о русском языке, о русской литературе и ее месте в истории человечества. А чтобы аудитория не расслаблялась, по ходу лекции он цитирует и прозу, и белые стихи, и отрывки из писем разных авторов — цитирует настолько точно, что можно тут же проверить их по книге и восхититься. Этот мастер прекрасно знает, что его память — его оружие, и грамотно им пользуется.

Моя старшая дочь — математик, научный работник и педагог. С самого детства она удивляла нас умением запоминать нужное и ненужное, но сегодня это качество — наряду со знаниями — позволяет ей добиваться успеха у студентов самых престижных мировых университетов. Она без труда вспоминает задачи из учебников для пятых классов школы, она помнит вопросы, которые ей задали еще на первой лекции, и легко цитирует их во время последней лекции курса, добиваясь закрепления материала.

Борис Немцов во времена своего губернаторства покорил журналистскую братию тем, что на пресс-конференциях никогда не записывал вопросы и мог легко ответить на пять вопросов подряд ровно в той последовательности, в какой они были заданы журналистом. Это, конечно, высший пилотаж. Дается эта способность от природы и, как правило, связана с математическим складом ума.

И все же даже таких людей память может подвести. Особенно если момент чрезвычайно важен.

Нельзя надеяться на память, если человек попадает в стрессовую ситуацию, если его «накрывает» волнение.

Поэтому я говорю своим ученикам: тренируйте память, но не надейтесь на нее. Если неудачи в виде «выпадения» файлов случаются у людей, которые привыкли блистать и удивлять, то что говорить о начинающих ораторах?

О ПОЛЬЗЕ ТРЕНИРОВОК

Начинающему публичному человеку надо иметь как минимум три варианта своего выступления:

- *первый* — написанный почти целиком в развернутом виде;
- *второй* — в виде тезисов, где самое главное разложено по пунктам и умещается на одном листочке;
- *третий* — записная книжечка или отдельные листочки с самыми важными цитатами, фактами, цифрами.

Записная книжечка или маленький листочек, вытащенный из кармана или взятый со стола, не напряжет аудиторию. А чтение с листа — это, как мы уже говорили, очень плохо. Это финиш, скукотища, проигрыш. Глаза, опущенные вниз, к бумаге, означают полную потерю контакта с аудиторией.

Конечно, бывают случаи, когда доклад настолько серьезен и важен, что надо иметь его перед собой в написанном виде, да еще и использовать слайды. Но посмотрите, как делает Путин во время своих долгих речей по важным поводам — например, когда он выступает перед работниками МВД по случаю их профессионального праздника. В его докладе много цифр, которые невозможно да и не нужно запоминать!

Но он отрывается от бумаги не реже чем раз в три минуты и обязательно добавляет ПО ПАМЯТИ другие цифры, которые в этот момент кажутся ему важными. Таким образом он приглашает аудиторию к беседе, к размышлению и демонстрирует при этом блестящую память, которую явно тренировал во времена работы разведчиком.

Ведь память можно и нужно тренировать. Причем непрерывно.

Очень обидно, если во время выступления (своего, а еще хуже — чужого!) вы скажете: «Я знаю хороший афоризм», — привлечете к себе внимание аудитории и вдруг с ужасом поймете, что афоризм-то вы и забыли. Такое случается сплошь и рядом.

Один раз это простительно, особенно если вы подшутите сами над собой. Но если такое случится во второй, в третий раз, то сложится ощущение, что в аудиторию явился склеротик, который хочет выступать, но ничего не знает или знал, но забыл. А ведь на самом деле виновато волнение — это оно «съедает» вашу память. Правда, в «терапевтических» дозах оно необходимо — мы об этом уже говорили. Волнение даже может, наоборот, что-то подсказать — такое тоже бывает. Поэтому вы должны знать, что волнение — это хорошо. Однако подстраховаться всегда полезно.

ДОВЕРЯТЬ, НО ПРОВЕРЯТЬ

Итак, как же проверить свою память и как ее тренировать?

Попробуйте учить наизусть стихи. Я понимаю, что обращаюсь к взрослым людям, которые в большинстве своем делали это только в детстве, но, поверьте мне, вы будете сильно удивлены, если попробуете вместе со своими детьми выучить легкие стишки для третьего, четвертого, пятого класса. Вы поймете, как это трудно для вас сейчас. А все потому, что память растренирована. Ведь в детстве вы каждый день упражняли ее в школе на уроках, а потом дома при выполнении домашних заданий.

Память бывает разная — зрительная, слуховая, тактильная. Интересно, что один вид памяти всегда поддерживает другой, и надо постараться развивать все виды.

Зрительную память вы можете легко проверить, если на секунду отвернетесь от своего стола и попробуете вспомнить, что на нем лежит. Очень полезное упражнение. Несколько моих учеников из банковской и чиновничьей среды очень меня удивили, когда перечислили все мелочи на своих рабочих столах, хотя я предлагала им отвернуться совершенно неожиданно. Сама я так не могу, поэтому меня это восхищает.

Интересно проверить и слуховую память. Послушайте несколько классических мелодий — от трех до пяти. Для первого раза вполне достаточно. При этом у вас в руках должен быть список с названиями произведений и авторов — например, Шопен, Лист,

Шуберт. Кстати, это упражнение хорошо делать в машине — много времени оно не отнимет, да еще и удовольствие получите!

А потом попросите кого-то из близких записать те же мелодии в другом порядке и постарайтесь определить — где Шопен, а где Лист? Конечно, лучше выбирать похожие жанры и одинаковый состав исполнителей, чтобы не обхитрить самого себя.

Это упражнение только кажется простым, а на практике с ним справляются только те, кто прошел музыкальную подготовку — хотя бы на уровне музыкальной школы. У таких людей развита слуховая память — сохраняется это надолго, как любые таланты, которые развивали в детстве.

У зрительной памяти есть один особо важный аспект — память на лица. Боже мой, какое мучение улыбаться человеку, судорожно вспоминая, где и по какому поводу вы виделись! А если он демонстрирует давнее и близкое знакомство, получается совсем уж неловко.

Людям, которые мечтают о публичной карьере — неважно, в политике, на госслужбе или в бизнесе, — надо тренировать память на лица особенно тщательно. А также память на имена — если вы перепутаете имя важного человека, это вам вряд ли легко простят.

В начале любого своего тренинга я провожу игру под названием «Знакомство». Иногда в группе бывает 20 человек, иногда только пять. Если в зале много слушателей, я вызываю на подиум группу в 10–12 человек и провожу эту игру публично.

На самом деле это тренинг на проверку памяти.

Каждый человек кратко сообщает свою биографию, называет имя.

Все внимательно слушают, записывать ничего нельзя. Когда группа заканчивает представление, я обращаюсь к кому-нибудь из участников с просьбой рассказать две-три интересные детали из жизни его соратников. При этом нельзя перепутать ни имя, ни вуз, в котором тот учился, ничего! Нужна точность!

Удивительно, но в каждой группе находится человек, который легко запоминает абсолютно все имена и детали. Он (или она) почти полностью пересказывает только что изложенные биографии всех участников тренинга!

Но такой человек в зале, как правило, только один, редко — два.

Остальные путают имена, факты, а иногда не могут вспомнить о человеке вообще ничего, хотя слушали внимательно.

Если в группе учатся журналисты, я говорю им, что речь идет о профессиональном недостатке, с которым надо немедленно бороться.

Если учатся люди других профессий, объясняю важность такого рода памяти: как легко можно ранить человека, который будет жить с ощущением, что он вам неинтересен, что он для вас пустое место, а на самом деле у вас просто плохая память на лица, имена, фактологию. И с этим обязательно надо что-то делать!

Прочитали книгу — закройте ее и вспомните, как зовут главных героев. А героев второго плана? Попробуйте вспомнить это через неделю, через две.

На цитаты, афоризмы, шутки, байки памяти, как правило, тоже не хватает. Значит, что-то надо обязательно заучивать наизусть! Можно начать буквально с нескольких цитат.

Я советую всем ученикам, которые учатся публичности, купить несколько книг с набором ярких цитат. Сейчас в любом книжном магазине есть сборники мудрых мыслей, где вы найдете и высказывания великих, и пословицы, и поговорки. Отметьте для себя то, что нравится, а потом выпишите эти несколько фраз в книжечку и пытайтесь использовать их в своей речи.

Вообще, в памяти остается то, что вы часто используете. Понятно, что анекдот про «челночную дипломатию» прочно сидит у меня в голове, как и несколько других, которые я регулярно рассказываю. Это как специальный «файл», который хранится в памяти. Но бывают моменты, когда вы думаете: вот бы это запомнить — эту цифру, этот факт, эту фразу, она так подойдет к моему выступлению! Может быть, вы прочитали ее в газете, может, в самый неподходящий момент услышали по радио, но вам понравилось, вы повторили про себя и твердо решили, что запомнили навсегда! А потом — забываете и отчаянно пытаетесь вспомнить.

ЗАПИСНЫЕ КНИЖКИ

Я считаю, что на память надо надеяться, но и помогать ей тоже надо.

А для этого очень полезно завести записные книжки. И советую почаще в них заглядывать, даже не просто заглядывать, а проводить элементарный тренинг: прочитал — оторвись, вспомни.

Совсем недавно мы проводили обучение начальников цехов на одном большом заводе. Под началом каждого из этих людей трудятся несколько тысяч работников. Задачей тренинга было воспитание лидерских качеств. В ходе тренинга я проверяла, насколько хорошая у участников память. Я предлагала выбрать фразы, которые им нравятся, подходят по характеру.

Например: «У толкового начальника заместитель всегда умница», «Капитан знает все, но крысы знают больше», «Всегда храни верность своему начальнику — следующий может быть гораздо хуже», «Руководить — это значит не мешать хорошим людям работать», «Способов работы с людьми столько же, сколько людей», «Срочное слишком часто путают с важным», «Чтобы ликвидировать отставание, достаточно изменить направление», «Сильный действует рукой, мудрый — умом, а хитрый — кем-то еще», «Комплимент повышает производительность женщины вдвое», «Неважно уметь хорошо работать, важно уметь хорошо доложить».

«Искусство управления состоит в том, чтобы не позволять людям состариться в своей должности», — это, кстати, сказал Наполеон. Или: «Если каждый займет свое место, появится много вакансий», или: «Молодые люди говорят о том, что они делают, старики — о том, что делали, дураки — о том, что сделают».

Хорошие фразы — они были выбраны мною как раз из «Книги мудрых мыслей».

Интересно было наблюдать, как эти начальники цехов выбирали совершенно разные цитаты. Я просила по три. И каждый выбрал по три, записал их в своей записной книжечке, а дальше я попросила сдать эти книжечки мне и вспомнить хотя бы одну фразу из тех, что они записали. Спрашивала я их по очереди, чтобы они не слышали друг друга. Это был жестокий опыт. Из 15 человек что-то вспомнить смогли только двое. А ведь когда записывали, все улыбались, смеялись…

И думали, что запомнили это навсегда.

Итак, есть первое правило, и оно относится ко всему, о чем мы с вами говорили: память, хороша она или плоха, требует тренировки.

Второе правило: памяти надо помогать, надо записывать. Но помните: то, что вы записали, — это тоже пассивно, этим надо пользоваться.

Записали хорошую фразу — поставьте себе задачу сегодня в течение дня сказать ее двум людям, а потом проверьте, не перепутали ли чего.

Кстати, вы наверняка сами можете догадаться, какую фразу смогли вспомнить те два начальника из 15. Конечно, им запомнилась фраза: «Комплимент повышает производительность женщины вдвое».

Почему именно она? Да потому, что это про женщин и касается всех — и мужчин тоже. Поэтому запомнить ее было легко.

Хотя другими фразами участники тренинга, может быть, дорожили больше, потому что это были те фразы, которые они могли бы использовать на ближайших совещаниях. Ведь, как мы уже говорили, афоризмы, так же как и байки, очень украшают речь. Они сразу помогают решить несколько задач: это и контакт с аудиторией, и шутка, которая вызывает у людей улыбку, и демонстрация вашей эрудиции…

Если нас подводит память, мы переходим на привычные рельсы, рельсы узкоколейки, понимаете? Речь становится скучна, стереотипна — ничего нового, яркого. А ведь могли бы мчаться, как скоростной поезд «Москва — Петербург» …

Обратите внимание: политики в своих речах, приветствиях, выступлениях часто используют афоризмы и делают это без бумажки. Что это означает? Что они учат их наизусть. Значит, и вам надо учить наизусть! И обязательно использовать. Ненавязчиво и к месту.

Учите стихи — это же здорово! Порадуйте ими любимого человека. Не могу описать вам словами, что вы увидите в его глазах, если вдруг однажды вечером возьмете и прочтете наизусть стихотворение… А ведь это будет для вас еще и упражнением — хорошей тренировкой памяти!

ВЫВОДЫ

- ■ Блестящая память — удел немногих счастливчиков, память надо тренировать.
- ■ Память бывает разная, и память на лица не менее важна, чем демонстрация эрудиции.
- ■ Нельзя надеяться только на память, даже если она хорошая. Надо иметь тезисы и другое «подспорье».
- ■ В трудные моменты выступления именно память может нам подсказать идеальный выход из положения.
- ■ Лишней информации не бывает, надо нагружать «файлы» нашей памяти разнообразными знаниями, это только способствует успеху — и на трибуне, и в жизни!

ЗАДАНИЯ

1. Откройте детский учебник вместе с сыном, дочерью, племянником. Постарайтесь выучить любой детский стих. Посмотрите, сколько времени у вас на это уйдет.

2. Отвернитесь от своего рабочего стола. Вспомните, а еще лучше зарисуйте — что именно на нем находится и где. Проверьте, сделайте выводы.

3. Найдите старые фотографии — детский сад, школа, пионерский лагерь. Всмотритесь в лица своих друзей — как их звали? Что вы помните?

4. Выпишите из книги афоризмов те десять, которые вам нравятся и пригодятся в выступлении. Прочитайте два раза. Попробуйте записать те, что запомнили.

5. Выберете два лучших афоризма и поставьте перед собой задачу упомянуть их (к месту, разумеется) в течение рабочего дня. Завтра — два других, и так каждый день.

Глава 14

Подручные средства

С амое время поговорить о тех возможностях, которые имеются в распоряжении оратора, если он не может полностью положиться на свою память. Сама необходимость держать в голове много цифр, фактов, цитат, афоризмов иногда приводит в полное замешательство, и это нормально!

Но даже если вы отлично знаете, что и как говорить, и держите в голове десяток нужных фраз и цифр, все равно подумайте: а может быть, вам пригодятся какие-то подручные средства — для лучшего восприятия, для уверенности, для следования моде, наконец, — ведь это тоже важно, не правда ли?

Какие же подручные средства могут вам помочь во время выступления?

Прежде всего скажу о том, что очень люблю сама, — это доска. Не флипчарт — не люблю, когда фломастер скрипит по бумаге, хотя можно использовать и его, — а именно доска.

ДОСКА

Это чудо, это ваш первый помощник! Человек, который подходит к доске и начинает на ней что-то писать и рисовать, сразу вызывает повышенный интерес у аудитории, потому что кроме того, что можно услышать, возникает еще и картинка — то, что можно видеть, и происходит это прямо на глазах. Доска — это прямой эфир! Причем аудитория — вот она здесь, и все глаза следят за каждым вашим движением. Не стесняйтесь, если у вас корявый почерк. Стесняйтесь, если вы делаете орфографические ошибки. Тут я к вам буду нетерпима, потому что я всю жизнь... как бы помягче сказать, не выношу, не могу видеть орфографические ошибки. Особенно когда их допускают педагоги, преподаватели, тренеры. Если вы знаете, что ни одного слова не можете написать без ошибки, не пишите на доске — рисуйте рисунки.

МИНУТОЧКУ!

Раньше я не верила, а сейчас верю, что есть такая болезнь — орфографический кретинизм. Причем он встречается и у образованных людей. Они не могут написать фразу без ошибки, и это не вина их, а беда. Однако встречается такое чрезвычайно редко и связано бывает с особенностями психики.

А вот обыкновенная безграмотность среди людей культурных, в том числе педагогов и топ-менеджеров, — явление, к великому сожалению, распространенное.

Кто в этом виноват? В основном школа. Ну и сам герой, конечно.

Что делать? Брать уроки грамотности у хороших репетиторов, благо они есть в каждом городе России. Я сама имела опыт привлечения репетитора для занятий с одним из членов семьи.

Через месяц этот человек перестал делать ошибки, более того, стал ходячим справочником для сомневающихся.

Но вернемся к доске.

Если вы грамотны и при этом умеете рисовать — обязательно рисуйте! В сравнении с изображением слова проигрывают.

Однажды мне довелось побывать на мастер-классе известного кинорежиссера Александра Митты, который выступает в разных аудиториях Москвы и ведет разговор о кино, кинодраматургии, рекламе и т. д. Он написал прекрасную книгу «Кино между адом и раем»*, которую я всегда советую прочитать всем своим студентам. Очень полезная и интересная книга!

Митта — гений, и этим все сказано. Все его фильмы — прорыв, он всегда и во всем первый, в том числе в тренерском ремесле. Он сделал такие учебные фильмы, которых никто до него в России не делал, и очень обидно, что он не смог на этом заработать. Многие заинтересованные люди, к сожалению, понятия не имеют об их существовании. Но это другая тема.

А мы говорим о том, как можно использовать доску. Митта это делает потрясающе!

Он, оказывается, еще и художник. И какой! Как он рисует, как это украшает его выступления!

Он подходит к доске и изображает все, о чем говорит. Вот женская мордочка, вот мужская. Вот между ними появляются протянутые руки, а вот эти руки вдруг делают кукиш. И все это рисуется мгновенно, одним движением руки, без стирания и перерисовывания, мастерски, на наших глазах. Аудитория хохочет, аудитория благодарна.

Еще бы — это как театр одного актера, никто и не предполагал, что скромный пожилой человек подойдет к доске и начнет рисовать такие прекрасные рисунки и так легко и небрежно стирать их — словно рисунки на песке — невзирая на гневные протесты публики! Что ему — он нарисует еще. Он гений.

Я не умею рисовать. Совсем. Но если вы хоть немножко обладаете этим умением, обязательно пользуйтесь этим.

Рисовать можно все что угодно. Я рисую телевизионную вышку — в виде новогодней елки, так получается. Заранее извиняюсь, но публика довольна, так как тренер, оказывается, простой смертный и тоже чего-то не умеет. Это радует. Я-то готова провалиться сквозь землю, но кто об этом знает?

---

* Митта А. Кино между адом и раем: Кино по Эйзенштейну, Чехову, Шекспиру, Куросаве, Феллини, Хичкоку, Тарковскому. — М.: Зебра Е, 2005.

Нарисована вышка. От нее идут волны. Дальше рисую потенциальных телезрителей. Много-много мордочек, и у одних уголки губ подняты вверх, а у других опущены вниз — потому что среди зрителей всегда есть оптимисты и пессимисты. По ходу дела объясняю разницу, привожу примеры «типичных» зрителей, это важно — надо рисовать и одновременно разговаривать, это такой жанр.

Но при этом вы поворачиваетесь спиной к публике, а значит, у вас есть передышка. Вы устали смотреть в глаза зрителям и следить за их вниманием. Они тоже устали. У вас есть возможность сменить позу — и это прекрасно.

Дальше на своем рисунке я показываю, какое большое расстояние отделяет телевизионную программу от сердца телезрителя, как много между ними преград, как трудно сделать так, чтобы телезритель полюбил именно вас и вашу программу.

Ребята отвечают на мои вопросы, подсказывают, а я, как умею, рисую все эти препятствия на доске, а потом стираю их.

Студенты по-своему, как хотят, перерисовывают все это в свои блокнотики. И конечно, это очень облегчает задачу понимания. И задачу установления контакта.

Что касается памяти, то некоторые тезисы вы можете сразу написать на доске или чуть позже уточнить их с помощью аудитории. И потом, видя их написанными, вы будете говорить по каждому тезису. Так вы будете чувствовать себя гораздо увереннее, чем с бумажкой в руках.

Что еще хорошо при использовании доски — это ощущение симультанности, то есть одновременного возникновения картинки и слов на глазах аудитории. Сразу видно, что вы прекрасно знаете свой предмет и пытаетесь втянуть аудиторию в процесс только для того, чтобы «вместе» добраться до истины.

У меня была забавная история, связанная с доской, когда я преподавала телевизионную журналистику в старейшем вузе страны — в МГУ, на факультете журналистики.

Я пришла туда взволнованная — когда-то я мечтала там учиться, и вот через много лет мне дали возможность учить там студентов.

Ответственность, напряжение, испуг — все как у всех в подобной ситуации.

Но когда я зашла в аудиторию и увидела глаза студентов, почти сразу успокоилась. Они мало чем отличались от обычных моих студентов — слушателей телевизионной школы «Практика» — и были отлично настроены. Ловили каждое слово, сразу стали участвовать в предложенной игре «Знакомство». Лекция пошла как по маслу, и я привычно обернулась к доске…

А ее не было. Совсем. Я ринулась на кафедру, и оказалось, что ни один педагог кафедры телевидения и радио не пользуется доской. Собственно, именно поэтому доски не было и не предполагалось.

А я нуждалась в ней как никогда — я так люблю задавать вопросы и фиксировать ответы студентов на доске, а потом вместе с ними размышлять над верностью формулировок. Я так люблю рисовать свои дурацкие рисунки и слушать одобрительные смешки за своей спиной.

В результате первая лекция прошла сплошь на играх, а на вторую я сама купила себе доску и успокоилась. Говорят, сейчас она стоит на кафедре без движения и вызывает некоторое изумление у других педагогов — зачем доска, если вы учите телевидению? Понятно, что нужен телевизор и плеер, а доска-то зачем?

Поймите — все это очень индивидуально и к тому же дело привычки.

Но все же опыт общения с замечательными ораторами подсказывает мне, что доска — прекрасное подручное средство, просто многие даже не пытались ее использовать.

ФЛИПЧАРТ

Это не доска, это специальное устройство с большими листами ватмана, на которых можно рисовать, а потом перелистывать их, меняя исписанные на свежие, чистенькие.

Я уже обмолвилась, что не люблю флипчарт исключительно потому, что мне трудно, когда фломастер скрипит по бумаге — почти как нож по стеклу.

Мне это физически больно, поэтому, если к моему тренингу организаторы — несмотря на настойчивые просьбы — подготавливают вместе доски флипчарт, я стараюсь писать как можно меньше и как можно быстрее.

Но! У этой конструкции есть преимущество перед доской, и очень серьезное. Вы всегда можете перевернуть несколько листов и посмотреть, что было нарисовано на первом или каком-то другом важном занятии.

Это преимущество можно эффективно использовать — например, на первой лекции вы зафиксируете на листе бумаги те вопросы, которые возникнут у вашей аудитории, а в конце семинара вновь обратитесь к этому листу и вместе с аудиторией проверите, какие из них остались без ответа.

Отлично, если вы начнете вычеркивать то, что «абсолютно понятно», и комментировать те вопросы, на которые пока не ответили.

В тот момент, когда аудитория согласится, что каждый пункт можно спокойно зачеркнуть, — можете поздравить себя с успехом!

И, конечно, я была счастлива оттого, что уже упомянутый мною Александр Наумович Митта рисовал не на доске, а на флипчарте, и я смогла (с его одобрения, впрочем) «своровать» его прекрасные рисунки и разместить их в своей квартире, так что теперь они вызывают неизменный восторг и зависть у гостей.

СЛАЙДЫ

Кроме досок и флипчартов есть и другие подручные средства, но их нужно готовить заранее. Так, существуют специальные доклады со слайдами, сделанные в программе PowerPoint. Сейчас очень многие используют в своих выступлениях слайды.

Однако я должна предупредить вас о том, что читать слова на экране очень трудно. Люди напрягают зрение, разглядывая мелкие буквы. Недавно я выступала на конференции «100 кейсов российского бизнеса» и как тренер была огорчена огромным количеством таких докладов, которые невозможно было прочитать.

Не случайно умные люди размещают на слайдах только графики и — минимум информации, написанной крупными буквами. НЕ более трех тезисов на одном слайде! *Главным содержанием слайдов становятся понятно нарисованные, разноцветные диаграммы или схемы и графики, а докладчики поясняют их, стоя рядом с компьютером, телевизором или экраном, на который поступает сигнал.*

Это действительно украшает доклад, потому что, как бы вы ни рассказывали о падении или повышении рейтинга программы, если нарисован график, это будет куда нагляднее, и при этом вы можете долго что-то объяснять и комментировать. Любая картинка неизменно привлекает внимание аудитории.

А у вас опять же появляется возможность немного расслабиться. Потому что во всех других случаях — я об этом уже говорила — вам во время доклада нужно смотреть в глаза аудитории. Не в пол и не в потолок — искать глаза и смотреть в них, причем всегда.

Давайте остановимся на этом чуть подробнее.

Вы должны видеть глаза всех людей, которые сидят в зале, даже если это тысяча человек. Действовать надо по следующей схеме: вы находите глаза конкретного человека, цепляетесь за них, причем сначала ищете те глаза, которые смотрят на вас с интересом и удовольствием, а потом — глаза всех остальных, в том числе и тех, которые не хотят смотреть на вас. Потому что, если вы выберете одного-двух людей из тех, кто вам изначально симпатизирует, а на других смотреть не будете, эти другие просто не станут вас слушать. Да и «симпатизанты» могут быстро переменить свое мнение со знака плюс на минус. Нужно покорить абсолютное большинство слушателей, и тогда пойдет обратный процесс — те, кто сомневался в вашем профессионализме, будут вынуждены согласиться с большинством, когда оно станет рукоплескать вам!

Помните — каждый человек нуждается в индивидуальном контакте, даже если он находится за километр от вас. Вы смотрите туда, значит, вы его видите! Это иллюзия, но это и закон. О нем прекрасно знают эстрадные звезды и все те, кто выступает перед большими аудиториями — на митингах, стадионах, концертах, перед студентами, в театре и т. д. Профессионалы прекрасно умеют общаться со всем залом и каждым зрителем в отдельности. Даже если софиты слепят глаза и ни одного человека в зале вы не видите, надо кивать, улыбаться, поворачивать голову направо, налево, вперед, «ловить» глазами каждый уголок зала, и тогда вы — победитель!

Хороший оратор обязательно должен использовать этот прием.

Если за круглым столом сидят 15 человек, вы должны каждого поймать взглядом. С каждым поздороваться взглядом и отметить реакцию на то, что вы говорите, особенно если это какие-то принципиально важные вещи. Все ли поняли, все ли посмотрели на вас?

Если люди опустили глаза, смотрите на них, пока они их не поднимут.

Знаете, есть детская игра в «гляделки»? Очень полезная игра.

Если вы уверены в себе и не опускаете глаз, не моргаете — человек отводит взгляд и при этом чувствует и признает ваше превосходство. Но если вы первым отведете взгляд — вы проиграли.

Однако мы отвлеклись. Итак, слайды.

На них могут быть не только графики и цифры, но и иллюстрации.

Веселый, гротескный рисунок обязательно вызовет улыбку аудитории, а вам поможет сформулировать какую-то важную, серьезную мысль. Поэтому можно работать со слайдами, создавая на экране комиксы. Я думаю, что в Интернете вы найдете много подходящих картинок, которые подскажут вам, как это лучше сделать.

В качестве примера того, о чем я рассказываю, могу привести выступление Александра Роднянского перед менеджерами — руководителями российских СМИ.

Тема была довольно скучная — «Психология восприятия ТВ различными группами зрителей». Доклад был поддержан слайдами — но какими! Аудитория замерла, боясь пропустить хоть одно слово оратора. На слайдах были показаны предпочтения аудитории — причем слайды были сделаны так красочно и так понятно, что не требовали особых разъяснений.

Вот аудитория «Домохозяйки», но среди них есть поклонницы канала «Домашний» и поклонницы канала «Культура». Это совсем разные люди, и значит, напомнил нам оратор, нельзя ориентироваться только на такие привычные категории, как возраст и род занятий. А ведь именно они уже давным-давно приняты как основа для определения своей и «не своей» аудитории. И вдруг новая мысль — они разные, наши домохозяйки в категории «45+»!

Что же делать? Как узнать своего зрителя и не промахнуться?

Следующий слайд показывал иную, молодежную аудиторию, ту самую, за которую сегодня борются все телевизионные продюсеры.

Оказывается, представители этой аудитории тоже очень различаются по своим запросам — кого-то интересует криминал, а кто-то предпочитает девиз «Энергия и свобода». Именно под последних выстроен канал СТС и некоторые новые программы Первого канала.

Слайды показывали диаграммы, цветные, яркие и очень понятные.

Комментарий Роднянского добавлял к ним смысл и ставил проблему. А в целом все было очень наглядно и безумно интересно!

Только что я слушала по телевизору доклад Анатолия Чубайса на конференции по инновационным технологиям, которую организовала Академия народного хозяйства при Правительстве РФ.

Доклад тоже сопровождался слайдами, их было немного, и часть из них явно помогала докладчику не потерять важную мысль и основные тезисы, то есть часть слайдов была только текстовой.

Тем не менее докладчик каждый раз либо менял тезисы местами, либо комментировал их необычно и неожиданно, то есть САМ ДОКЛАД был во многом интереснее слайдов.

Это важно запомнить. Слайды — лишь помощник. Ни в коем случае не надо просто переносить на экран текст вашего доклада. Никто никогда не захочет его читать, потому что это невозможно — трудно, долго и неинтересно, да к тому же ничего не запоминается.

К сожалению, мне часто приходится наблюдать, как вполне достойные люди выходят на трибуну и просто читают собственные слайды, попадая к ним в плен и забыв об аудитории. Это недопустимо!

Но если вы выделите три основные мысли, поддержите их графиками, рисунками, интересными цифрами, нарисуете рядом людей или ваш продукт в какой-то смешной упаковке, если будет мультфильм, и все то, что мешает вам завоевать внимание аудитории, уйдет с экрана, а то, что помогает, придет на экран — успех вам обеспечен!

РАЗДАТОЧНЫЕ МАТЕРИАЛЫ

Тоже очень хороший помощник, если вы не вполне надеетесь на свою память. Можно заранее раздать каждому сидящему в зале основные тезисы вашего выступления и держать перед собой такую же бумагу, и тогда вы будете спокойно вместе со слушателями идти от пункта к пункту. Это выглядит очень современно, производит хорошее впечатление и при этом может прибавить вам уверенности и принести успех.

Но раздаточный материал может быть устроен сложнее и интереснее.

Например, в нем могут быть тесты, которые люди должны заполнить во время вашего мастер-класса и сдать вам. Или в конце лекции (выступления, тренинга, семинара) вы дадите «ключи» к этим тестам, и каждый сам определит, в чем он силен, а в чем слаб.

Очень интересно, когда раздаточный материал повторяет некоторые слайды — самые важные.

Тогда слушатели имеют возможность не только более пристально рассмотреть их и унести домой, но и подискутировать с вами, причем они смогут сделать это даже тогда, когда на экране будет уже совсем другой материал.

Есть люди, которые нуждаются в детальном разборе и воспринимают все медленно. Для них раздаточный материал — это опора, это самое важное и интересное.

Однажды на семинаре для лидеров тренер предложил аудитории красиво оформленную папку с раздаточным материалом, где первый лист был… началом лекции.

То есть тренер предложил аудитории заполнить забавную анкету, и только через десять минут начал свой тренинг как раз с того, что прокомментировал ответы. Это было замечательно интересно, тем более что внутри анкеты были явные провокации, и большинство людей в аудитории это прекрасно поняли и готовились «дать бой»!

Тем не менее — если вам понравилась эта идея — имейте в виду, что публика углубится в изучение этой папочки, и вам будет очень трудно установить тот самый контакт глазами, о котором мы говорили и в необходимости которого сомневаться не приходится.

Лентяи и недруги будут в течение всего вашего выступления делать вид, что очень заняты вашим «раздатком», а на самом деле рисовать на нем рожицы и прочую ерунду!

Вывод простой — любой подручный материал избавляет вас от необходимости следить за текстом выступления и делает ваш доклад современно оснащенным, а это большой плюс. Но в то же время всегда нужно помнить о целесообразности.

Кроме того, любой подручный материал должен быть удобен для вас, как ваша одежда.

И, конечно, он должен быть хорошо известен вам — к сожалению, случается, что подручный материал готовит помощник, и докладчик с большим удивлением смотрит на собственные слайды…

И помните — это всего-навсего помощь, а не основное содержание доклада!

Вашу презентацию потом, после семинара — если нет особых секретов — может посмотреть любой желающий.

Но вы сами как носитель основной мысли, как блестящий оратор должны всегда оставаться на высоте и быть в сто раз интереснее любых своих заранее подготовленных материалов.

Публика всегда чувствует, так это или нет. Ее не обманешь. В этом сложность. Но в этом и радость и успех!

ВЫВОДЫ

- Подручные средства бывают разные: доска, флипчарт, раздаточный материал, слайды и т. д. В каждом конкретном случае надо подбирать наиболее подходящий вариант.
- На доске обязательно надо рисовать, даже если вы не умеете этого делать.
- Ваш доклад должен быть интереснее слайдов, иначе зачем вы нужны.
- Подручные средства придают докладчику уверенность и освобождают его от необходимости все время смотреть в глаза слушателям.
- Любой материал, переложенный на бумагу или слайды, должен быть зрелищным и содержать только главные тезисы, а не весь доклад.

ЗАДАНИЯ

1. Попробуйте на ближайшем совещании воспользоваться доской или листом ватмана — нарисуйте что-то или напишите самые важные тезисы. Последите за аудиторией — вы увидите, как вытянутся шеи и заблестят интересом глаза!
2. Поищите в своих архивах любое ваше выступление «в слайдах». Посмотрите, как можно было бы сделать его более зрелищным.
3. Подумайте, какой конкретный предмет может помочь вам лучше объяснить смысл своего выступления. Это может быть любой предмет быта, или заводская деталь, или часы, снятые с руки. Надо придумать — каким образом через демонстрацию этого предмета сделать речь доходчивее, а доклад — интереснее.

Например, берем стакан, который стоит на столе, наполняем его наполовину и показываем аудитории — этот стакан наполовину полон, наполовину пуст. И первое, и второе утверждение — правда. Но если мы наполним его целиком, у тех наших оппонентов, которые справедливо указывают сегодня на недостатки нашего производства, уже не будет никаких оснований для сомнений!

Это эмоциональный прием, но можно с помощью простых предметов объяснить самые серьезные вещи. Поверьте мне, и — придумайте!

4. Подготовьте три вопроса по теме своего сообщения, напечатайте, оставив место для ответов, и раздайте аудитории перед лекцией, только не забудьте собрать и сделать выводы! Для этого зарезервируйте время на проверку.

5. Найдите в Интернете самые веселые презентации, подумайте, что из увиденного можно использовать в серьезных докладах.

Глава 15

Эмоции

Что такое эмоции, думаю, объяснять не надо. Все мы знаем, как начинает колотиться сердце при словах о любви или когда становится страшно.

Страх за себя — это, кстати, очень сильная эмоция, но еще сильнее — страх за своих близких.

Силу эмоций прекрасно понимают авторы фильмов, писатели и журналисты. Они знают, что обмен эмоциями с аудиторией — это необходимый элемент успеха, причем для произведения любого жанра. Если вы вступили на путь творчества — вам придется иметь дело с эмоциями.

Главная задача любого произведения культуры, включая музыку, театр, кинематограф, литературу, — добиться катарсиса у слушателей, зрителей, читателей.

ЧТО ТАКОЕ КАТАРСИС?

Это высокая эмоция сопереживания. Интересно, что по эмоциональному воздействию на человека музыка сопоставима с чувством любви. Я читала об исследовании, которое проводилось на эту тему. А потом посмотрела на подростков, которые слушают музыку, на их лица, и поняла: да, с ними происходит что-то невероятное...

Я думаю, вы знаете по себе либо по своим детям, как сильно музыка может воздействовать на человека.

Не случайно музыка к кинофильмам — это особый, очень мощный по воздействию жанр, в котором композиторы порой добиваются гораздо большего успеха, чем когда пишут самостоятельные классические произведения.

Эмоции — без них нельзя. Если вы выступаете и не затрагиваете ничьих эмоций, что это значит? Это значит, все, что вы сказали, прошло мимо, потому что эмоции — это даже не соус к хорошему блюду, это слюна, без которой блюдо попросту не проглатывается.

Созданная еще в Древней Греции теория о катарсисе, то есть очищении души через страдание, через эмоции, — это не просто закон, это вечная истина.

Для любого творческого человека и для любого оратора, который хочет добиться успеха у аудитории, важно знать, что путь к катарсису не может быть простым. Эмоции возникают тогда и только тогда, когда душа человеческая проходит путь от отчаяния к надежде, от надежды к отчаянию, от страха к оптимизму и наоборот.

Сценаристов, драматургов, журналистов специально учат выстраивать сюжет так, чтобы человек испытал весь спектр эмоций и в финале обязательно увидел свет в конце туннеля.

Это правило — игра на эмоциях — относится к любому публичному выступлению, а особенно — перед незнакомой аудиторией, которую вам надо покорить.

В этом случае надо сосредоточиться и подумать, какие эмоции и в каком месте своего выступления вы собираетесь вызвать. И далее спокойно управлять залом, добиваясь в какой-то части выступления — улыбки и смеха, а в какой-то — испуга, напряжения, и, наконец, подвести всех к финалу — разрядке.

НЕ ЖДАЛИ?!

Многие юмористы и сатирики, вызывая в зале смех, сами остаются бесстрастны. Об этом приеме хотелось бы сказать особо. Доста-

точно ли самому оратору испытывать эмоции и говорить эмоционально, чтобы вызвать ответную реакцию у слушателей?

Конечно, нет! Больше того, слишком эмоциональное выступление часто оставляет людей холодными. Поэтому надо внимательно
следить за реакцией зала.

МИНУТОЧКУ!

Хороший оратор должен быть готов к парадоксальной реакции — ожидал смеха, а получил слезы, и наоборот. В этом
случае я советую спокойно пообщаться с залом, естественно,
сделав вид, что вы добивались именно той реакции, которую
получили.

Никогда не забуду рассказ Виктора Шендеровича об одном
из его концертов, на котором ни один человек в зале ни разу не
рассмеялся! Для сатириков и юмористов отсутствие смеха в зале — это все равно что отсутствие кислорода.

Виктор начал судорожно менять рассказы, делал паузы, пытался общаться с залом, чтобы понять — что происходит?

В ответ — тишина, никакой реакции, ноль эмоций. Он отчитал
концерт в два раза быстрее, чем обычно, и в состоянии глубо-
чайшего стресса покинул сцену.

Позже выяснилось, что людей неправильно подготовили к его
выступлению — они ожидали чего-то вроде политинформации
от известного журналиста и посчитали, что смех будет неуместен,
да и не настроены были смеяться.

Моя мама всю жизнь не любит хурму, потому что когда-то ей
дали этот фрукт и сказали, что это особый сорт помидора. Она
откусила с предчувствием одного вкуса, а получила совсем
другой, сладостно-приторный, и возненавидела хурму на всю
жизнь.

То же самое произошло с этим злосчастным концертом.

*Любой оратор при подготовке к выступлению должен убедить-
ся в том, что аудитория ждет именно его, а не кого-то другого,
иначе эмоции зала будут убийственны — как бы хорош ни был
выступающий.*

С одной стороны, вызвать эмоции — сложно. Но с другой — вы должны помнить, что эмоции будут всегда, хотите вы этого или нет.

Если вам не удастся вызвать яркие положительные эмоции и добиться катарсиса, они все равно будут, но какие — лучше вам об этом не знать!

Народ скажет — скучно! И это тоже эмоция, да еще какая — убийственная. Эмоция разочарования, эмоция гнева по поводу зря потраченного времени.

Мы с вами этого не хотим? Надеюсь, нет!

Значит, надо учиться вызывать такие эмоции, чтобы в конце выступления зал вдруг начал вам аплодировать, хотя вы совсем этого не ждали. Поверьте, это незабываемо!

А теперь главный вопрос — как этого добиться?

Я думаю, что не надо подражать Жванецкому или Задорнову, или Шендеровичу, или Коклюшкину, которые во время выступления вообще не меняют выражения лица, особенно когда говорят что-то очень смешное. Бесстрастно дожидаются, когда отхохочет зал, а потом продолжают дальше.

Когда-то, в советские времена, это прекрасно умел делать Александр Иванов.

Но это сложно и приходит только с опытом — надо привыкнуть к ситуации публичности, к сцене, привыкнуть держать паузу и контролировать каждое свое слово.

Однако любой оратор должен следовать правилу — свои эмоции нужно контролировать.

С этого надо начинать. Надо усвоить, что ваши эмоции — это одно, а эмоции аудитории — совсем другое, и сатирики именно этим и пользуются. Говорят смешное, а сами не смеются — наоборот, делают трагическое лицо, и от этого зал смеется еще пуще!

Жестикулировать, горячо рассказывать о том, что вас действительно волнует, — все это возможно. Но при этом надо, чтобы вас услышали, поняли и разволновались сами. А вы бы контролировали ситуацию. Так что оратору надо контролировать и свои эмоции, и эмоции зала.

ДЕНЬГИ, ЛЮБОВЬ, ЖИЗНЬ И СМЕРТЬ

Есть эмоции, гарантирующие успех, потому что есть три темы, которые всегда вызывают интерес у публики.

Я думаю, они вам известны, вы и сами можете их назвать: это любовь, это деньги, потому что они определяют степень нашей свободы, и это все, что связано с жизнью и смертью.

Если вы едете в машине, слушаете радио и вдруг там сообщают, что где-то обвалилась крыша и погибли люди или упал самолет — вы не можете остаться равнодушными.

Понятно, что испытывают люди, у которых в этот момент близкие куда-то летят, и не дай бог по этому маршруту, — они сразу начинают страшно нервничать, переживать, как бы чего не случилось с их родными, не затронуло их лично.

Но даже если вы знаете, что это никак лично вас не касается… Все равно каждый из нас понимает, что смертен, что жизнь полна опасностей и что в любой момент все в ней может перевернуться.

В этом смысле очень полезно перечитать гениальную повесть Льва Толстого «Смерть Ивана Ильича» — там до противного наглядно и детально описываются эмоции людей, которые каждый день наблюдают медленное мучительное умирание человека.

Как ни страшно это звучит, гибель, смерть, жуткие травмы и болезни других людей делают наше существование более хрупким, опасным, вызывают одновременно эмоции ужаса и восторга — «не умирай, пока живешь»…

А то, что случается с ближними, естественно, затрагивает и нас тоже. Любя кого-то, испытываешь и радость, и восторг, и вместе с тем печаль и страх.

Итак, любовь, деньги, смерть.

Какая из этих тем действует в эмоциональном плане сильнее — я не знаю, но уверена, что каждый хороший оратор, который заботится о том, чтобы его речь была яркой, так или иначе использует чисто физиологическую реакцию людей на упоминание любой из них.

Поэтому, *когда вы строите свое выступление, обязательно думайте о том, какую эмоцию может вызвать тот или иной факт.*

Харизматичные ораторы и политики очень часто используют эмоцию страха. То есть попросту пугают слушателей.

Несколько раз мне довелось побывать на выступлениях коммунистических лидеров. Обвиняя правительство в преступном сговоре, преступных умыслах и преступных действиях, они в разных аудиториях называли разные цифры, часто взятые с потолка. Например, заявляли, что чуть ли не каждый день в стране умирают два миллиона беспризорных ребятишек. Для чего нужна такая цифра? Просто чтобы напугать, потому что на самом деле она, конечно, не соответствует действительности.

Интересно, что в других аудиториях, где были образованные люди, назывались совсем другие цифры.

Тем не менее вызвать чувство страха, отчаяния и ненависти к тем, кто у руля, и заставить поверить в тех людей, которые сейчас так смело бичуют пороки и готовы взять ответственность на себя, — это и есть задача публичного политика. Он должен вдохновить людей на то, чтобы они голосовали именно за него и шли за ним. А для этого, как принято думать, все средства хороши. О реальных цифрах никто и не помышляет.

Но в этой книге я обращаюсь прежде всего к тем людям, которые хотят быть ораторами не с целью победить на выборах и стать лидерами новой партии, хотя и такое может случиться.

Я обращаюсь к тем, кто хочет преуспеть в карьере и понимает, что умение хорошо говорить и вызывать сильные эмоции у слушателей — это то, что может помочь им в достижении цели и будет приносить радость.

Ведь когда люди получают удовольствие от вашего выступления и смотрят на вас потом с благодарностью — это дарит огромную радость и чувство удовлетворения, и я желаю вам это испытать.

ХОЛОДНО — ГОРЯЧО

Как же этого добиться? Идти по тому пути, которым следуют писатели, кинодраматурги, композиторы, журналисты — то есть использовать испытанный метод «холодно — горячо».

Например, если, выступая перед собственным коллективом, вы сперва припугнули его, сказав, что на данный момент все складывается не очень хорошо, и назвали цифры и факты, это подтверждающие, то потом обязательно надо развернуть ситуацию на 180 градусов, сообщив, что такого хорошего произошло за последнее время, и обязательно закончить выступление на этой ноте!

Это вызовет эмоции, несмотря на то что вы сделали вполне конкретный, сухой доклад, основанный на цифрах. И вам надо с самого сначала, уже при его подготовке, разумно распределить плюсы и минусы.

Конец выступления обязательно должен быть со знаком плюс, потому что людей нужно мотивировать на успех.

Никогда нельзя заканчивать выступление в черном цвете — на ноте страха, испуга, с ощущением тупика. Но если вы сознательно пошли на такой шаг и считаете его в данный момент вполне обоснованным, то, по крайней мере, вы должны понимать, что этот поступок ляжет тенью на ваш светлый образ, это точно.

Многие ораторы умело используют в своих выступлениях эмоции сочувствия и сострадания, которые стимулируют катарсис. Для этого можно рассказать трогательную историю из своей жизни, хотя в этом случае надо быть очень осторожным и очень точно подбирать слова.

Это должна быть не просто трогательная, но и поучительная история, которая показывает вас как человека, который тоже проходил в жизни через сложные периоды, и надо уметь хорошо об этом рассказать, так, чтобы вызвать у людей сочувствие и вместе с тем вселить в них надежду. Пусть они узнают, что и такие успешные люди когда-то получали двойки, или впадали в депрессии, или терпели неудачу, и абсолютно без всяких причин их не любил кто-то вышестоящий.

И тогда вслед за эмоцией сочувствия следующей сильной эмоцией будет такая — надо же, если у этого человека было так, и у меня так, то, может быть, у меня потом будет, как у него, то есть все в порядке. Многие люди, выступая с саксес-спич — речью о своем собственном успехе, — очень хорошо используют этот прием.

Посмотрите в Интернете известную речь Стива Джобса — основателя компании Apple — прекрасная речь, достойная восхищения!

Я слышала такие речи в Америке, несколько раз мне довелось слышать подобные выступления в России — от успешных топ-менеджеров, в том числе нашей телевизионной индустрии. Я читала речи известных людей, тех же нобелевских лауреатов, где часто присутствует этот прием.

Почти в каждом выступлении Барака Обамы есть много моментов, рассчитанных на эмоции слушателей.

У Обамы хорошие спичрайтеры, которые прекрасно знают законы восприятия любой политической речи. Они каждый раз подбирают под определенную аудиторию именно такую деталь. Такую историю, которая вызовет эмоции. Как известно, выступление почти любого президента США перед сенатом прерывается аплодисментами чуть ли не каждые три минуты. Это не потому, что есть такая традиция. Это потому, что речь написана и продумана таким образом, чтобы каждые три минуты задевать эмоции зала, заводить его и как результат — вызывать аплодисменты.

Я помню, как во времена моей комсомольской журналистской деятельности на каком-то очередном съезде ВЛКСМ делегатам раздавали речи лидеров с пометкой, в каком именно месте надо аплодировать. Примерно то же самое делается сейчас на записи любого ток-шоу, где специальные ассистенты режиссера дают аудитории сигнал — аплодируйте!

Забавно, что любой профессионал легко отличает организованные аплодисменты от искренних, возникших спонтанно, в ответ на удачную шутку или реплику участников шоу. Настоящие аплодисменты совпадают с нашим внутренним желанием поаплодировать — и это совсем другое качество!

ОБЩИЕ ЧУВСТВА

Эмоции всегда вызывает то, что объединяет людей.

Находясь в зале или сидя за одним столом, люди становятся неким сообществом, группой. Даже если они едут в одном вагоне метро — это уже сообщество. Кто-то кого-то разглядывает, а если поезд вдруг останавливается в тоннеле, сразу выявляются лидеры, испуганные и те, кто готов прийти на помощь.

В любой момент любая группа людей, как бы мала она ни была, какой бы случайной она вначале ни казалась, вполне может стать командой — об этом снято очень много фильмов.

Когда люди сидят и слушают вашу речь, и вдруг вы обращаетесь к ним ко всем вместе, глядя в глаза всем и каждому, это поднимает в них какую-то общую эмоцию. Такие моменты дорогого стоят.

Этим приемом — вызвать общую эмоцию — умело пользовались пропагандисты, когда говорили об общем враге. Ничто так не объединяет людей, как ситуация, в которой они оказываются вместе перед лицом какой-то угрозы.

На что еще реагируют люди? На слова о семье, о детях, о Родине. Это не должно звучать слишком пафосно, но есть простые, всем понятные слова о том, что близко каждому.

У каждого есть дом, в котором он родился, есть или были бабушка, дедушка, учителя, друзья детства, не говоря уж о родителях.

Слова о матерях, слова о тех, кто выстоял в войну, и о тех, кто погиб, — если они сказаны от души, всегда вызывают сильные эмоции.

И у каждого из нас есть личные потери. Есть ключевые понятия, которые известны всем. Когда люди поют «Возьмемся за руки, друзья, чтоб не пропасть поодиночке» или «Как здорово, что все мы здесь сегодня собрались», возникает прекрасная добрая эмоция, которая приподнимает и сплачивает людей.

Но я бы советовала использовать этот прием очень осторожно.

Любая, самая замечательная эмоция превратится в фарс, если вы скажете неудачно, неискренне, что-то перепутаете или приукрасите.

Эмоция — инструмент тонкий, и от полного просветления и одобрения всего один шаг до противоположных чувств.

Никакого пафоса, слезливости, чтения с листа, когда речь идет о святых для всех понятиях. Если не уверены — лучше не надо, это правило действует не только для водителей. Вы можете опробовать этот прием только тогда, когда уверены в спокойной и доброжелательной реакции слушателей, лучше всего — в знакомой аудитории, например, произнося тост в компании друзей.

Но если так случилось, что вы выступаете по конкретному деловому поводу, а на дворе 1 сентября, то, конечно, обязательно надо начать либо закончить выступление поздравлением всех, у кого дети пошли в школу. И это вызовет радостные и теплые эмоции.

А без них ваш скучный, серый доклад или выступление никто никогда не воспримет так, как воспринимается информация, в которой кроме сухих фактов есть «и жизнь, и слезы, и любовь»!

ВЫВОДЫ

- ■ Хорошее выступление обязательно должно вызывать у слушателей положительные эмоции.
- ■ Людей всегда волнуют и будут волновать жизнь и смерть, любовь, деньги.
- ■ Любая аудитория — это команда людей, эмоции которых можно и нужно объединить.
- ■ Доклад лучше всегда строить по принципу «холодно — горячо», «хорошее — плохое», чтобы интерес слушателей подогревался различными по окраске эмоциями.
- ■ При любом выступлении надо помнить, что люди в зале могут быть объединены общим переживанием, эмоцией — трагедия Гаити, наступающий Новый год и т. д. Такие моменты надо учитывать и использовать при подготовке выступления.

ЗАДАНИЯ

1. Попробуйте рассказать трогательную историю своим близким — умеете ли вы вызвать эмоции, рассмешить или, наоборот, растрогать до слез? Если история действительно хорошая, а реакции нет, проанализируйте, какую ошибку вы совершили.

2. Составьте отчет за год или за квартал по принципу «холодно — горячо». Постарайтесь, чтобы неудач и успехов было равное количество, но в финале — самый главный и определяющий успех, который позволяет компании уверенно смотреть в завтрашний день!

3. Найдите в Интернете выступление Стива Джобса перед выпускниками Стэнфордского университета и изучите эту речь с точки зрения управления эмоциями аудитории.

4. Попробуйте в одной компании рассказать веселый анекдот, сохраняя бесстрастный вид, а в другой — весело, с жестами и мимикой. Посмотрите, в каком случае вы будете более успешны как рассказчик.

5. Попробуйте произнести тост в стиле знаменитых грузинских тостов — найти искренние простые слова о любви, дружбе, детстве. Если вы будете искренни и не затянете свое выступление — вас ждет успех!

Глава 16

Личные моменты (буква «Я»)

Мы только что говорили об эмоциях. Говорили о возможности использования в выступлениях историй из своей жизни.

Но эта тема требует отдельной главы, так как в ней много тонкостей, которые непременно надо учитывать.

Неверно было бы думать, что в каждом выступлении вы обязательно должны рассказывать о себе. И не дай бог приводить себя в пример в качестве образца для подражания!

минуточку!

Почему, если есть хороший пример из собственного опыта, рассказывать об этом не стоит? Ведь мы не раз говорили о том, что именно такие «живые» моменты вызывают повышенный интерес слушателей…

Дело в том, что есть непреложное правило: *когда человек выступает перед аудиторией и в качестве положительного примера приводит себя и свой собственный опыт, это воспринимается отрицательно.*

Подумайте — и вы согласитесь со мной!

Вспомните, как в детстве вы реагировали на слова учителя, мамы-папы, дедушки-бабушки: «Вот я в твоем возрасте был уже…».

В устах оратора это выглядит как хвастовство, зазнайство, демонстрация своего превосходства, а на самом деле — каких-то комплексов, потому что если вы уверенный в себе человек, то зачем же тогда так делать? Аудитория вынуждена вас слушать, а вы распушили крылья и давай рассказывать, какой вы замечательный, умный, хороший…

Но что же тогда — совсем не говорить о себе и никогда не приводить себя в пример? Почему же? Умные люди, хорошие ораторы делают это, но очень хитро.

Они умеют так рассказать историю о себе, так ее подать, что вызывают и смех, и улыбку, и теплые чувства. Как это? Да очень просто. Надо взять из своего личного опыта такой случай, где вы выглядите… неудачником. Рассказать о своих ошибках и с позиций сегодняшнего опыта вместе с аудиторией посмеяться над этим случаем.

Например, у меня на «ура» идет рассказ из времен моей журналистской молодости о том, как однажды я очень неудачно оделась на эфир.

Взяла у мамы костюм — красивый, нарядный. Сделала укладку с каким-то безумным начесом и лаком. А моей героиней была девушка — воспитательница детского сада. Денег у нее было мало, и она пришла в таком скромненьком черненьком платьице с воротником-жабо. Смотрелись мы на экране абсолютно несовместимо.

Но хуже того — увидев мой начес и костюм, она сразу перепугалась насмерть и замолчала. А мне пришлось все 30 минут прямого эфира рассказывать зрителям, какая замечательная девушка сидит рядом со мной. Это окончательно вывело главного редактора из себя.

Меня чуть не выгнали тогда с телевидения. И это стало для меня очень хорошим уроком.

Если рассказать такую историю, то ее воспримут гораздо лучше, чем, например, историю о том, как однажды я вела интервью с кандидатами в президенты России — Зюгановым, Жириновским, Явлинским и Тулеевым. Хотя тогда я оделась очень правильно: в строгое синее платье с белым воротничком, которое прекрасно смотрелось.

Правда ведь, первая история воспринимается гораздо приятнее, чем вторая? А почему? Да потому, что в первой истории я рассказываю про свою неудачу и про выводы, которые сделала после нее. И, кстати, один из выводов, может быть, выходящий за рамки нашей книги, это тот, что неудачи и провалы нужны человеку в жизни гораздо больше, чем успехи. После успеха человек упивается собой, у него, как принято сейчас говорить, «сносит крышу», он не очень правильно общается с окружающими и теряет свой разбег. А тем временем его может кто-то догнать и перегнать. Это хорошо знают все чемпионы.

Зато человек, который идет к цели через ошибки и неудачи, когда его со всех сторон бьют, а он не встает в позу обиженного гения и следует своей цели, — вот он добьется успеха.

минуточку!

А чем «битый» отличается от «обиженного», и кто имеет больше шансов подняться с колен?

Это очень хороший вопрос. Задайте его аудитории.

Люди в зале обязательно вспомнят две прекрасные русские пословицы: «За одного битого двух небитых дают» и «На обиженных воду возят»… Ответ на вопрос очевиден.

Я видела одного очень успешного человека. Он — член Академии российского телевидения, лауреат ТЭФИ, причем неоднократный, но, когда потерял эфир, ходил и ловил за рукав каждого начальника канала и всем рассказывал, какой он гениальный, как будет хорош в эфире и так далее. Окружающим казалось, что он уже вообще никогда не получит эфир. Но, к счастью, у него очень умная жена.

Он послушал ее советы, сделал выводы и начал вести себя абсолютно по-другому — стал иронизировать над собой, занялся какой-то другой деятельностью… Очень скоро его позвали на канал, и сейчас он успешно работает в эфире.

Но, конечно, не обо всех своих неудачах стоит рассказывать. В выборе историй надо быть очень осторожным.

Помните о том, что все, связанное с вами, с вашей жизнью и высказанное на аудиторию — неважно, маленькую или большую, свою или чужую, знакомую или незнакомую, — может быть растиражировано и использовано против вас.

Надо заранее хорошо подумать, чему ваша история может научить людей, действительно ли она уместна в данном случае и как вы будете восприниматься после этого рассказа? Все, что хоть чуть-чуть похоже на самовосхваление, надо сразу убрать. А все, что касается иронии и самоиронии, можно и нужно оставить.

Прежде чем идти к студентам или школьникам, подумайте: что бы вы могли рассказать из своей жизни поучительного — такого, что могло бы стимулировать их учиться лучше, стать более успешными?

Если вы расскажете, каким были хулиганом, как били стекла и досаждали учителям, этим, я думаю, ограничиваться нельзя. Потом обязательно должен следовать рассказ о том, кто и как помог вам пойти по другому пути и какое значение это имело для вас.

ОСОБЕННОСТИ НАЦИОНАЛЬНОЙ ТРАДИЦИИ

Вообще, люди всегда ценят, когда человек рассказывает что-то личное, будто приоткрывает дверь внутрь себя.

Аудитория в этот момент становится другой. Атмосфера меняется. Но перебирать нельзя.

Нельзя использовать «служебное положение» выступающего для того, чтобы говорить только о себе.

Очень важно найти правильное соотношение личного и «общечеловеческого». К тому же, если вспомнить о российской традиции, у нас всегда приветствовались скромность, достоинство, строгость в отношениях с аудиторией.

Американцы, в отличие от нас, почти не обходятся без истории о себе в любом публичном выступлении. Живость, простота изложения, умение вызвать смех — все это характерно для речей американских политиков и профессоров.

Я читала речи знаменитых и успешных людей, которые выступали перед аудиторией, обычно студенческой. Они всегда позволяли себе рассказывать личные истории, такие, которых, может быть, раньше не знали даже их близкие.

Когда я была на выпускном празднике у своей дочери в американской бизнес-школе, там выступал человек, который уже закончил ее. Он рассказал очень веселую историю о том, как вначале у него ничего не получалось и он даже решил, что поступил не туда. Потом как-то очень аккуратно перевел рассказ на то, как ему удалось встать на ноги, и при этом еще умудрился похвалить и поблагодарить тех преподавателей, которые в этот момент сидели в президиуме.

Кем он является сейчас, объявили совершенно другие люди, когда давали ему слово. Сам он о своих успехах не говорил ничего.

Это было очень корректное, хорошо скомпонованное выступление с четко выверенным хронометражем. В Америке хорошо этому учат.

Получилась замечательная история, где вначале было рассказано о неудаче, а потом о преодолении трудностей, и был найден путь к сердцам всех сидящих в зале, ведь там присутствовали люди, которых объединяла идея преданности своей альма-матер. Американские бизнес-школы — одни из лучших в мире, если не лучшие. И люди сразу почувствовали себя причастными к чему-то важному и значимому.

Неудивительно, что оратор ушел с трибуны под громкие аплодисменты.

ПРАВИЛО ТРЕХ «И»

С недавних пор в разных американских городах на центральных улицах висит плакат. Это социальная реклама, то есть она заказана и оплачена государством. Это огромная фотография, на ней — молодые люди в рваных джинсах, выглядящие не очень сытыми, смешные, носатенькие, в основном типичной еврейской наружности, стоят, обнявшись, и смотрят прямо в камеру.

И большая подпись: «Вы вложили бы деньги в этих людей?»

Вроде бы подразумевается, что, конечно же, нет — какие-то странные ребята, ботаники, не от мира сего… Но под фото есть подпись, которая не бросается в глаза. Сделанная мелкими буквами, она гласит, что на плакате — компания Билла Гейтса, и это их реальная фотография времен студенческой молодости.

Когда Билл Гейтс придумал свой «Майкрософт», он и его друзья ходили по инвесторам и спонсорам и просили денег. В результате какой-то богатый человек, дальний родственник одного из этих парней, который просто устал от их звонков и визитов, дал им все-таки 50 000 долларов. И вскоре стал мультимиллионером — благодаря гениальной идее этих ребят.

Для чего нужен этот плакат? Для того чтобы люди поняли, что иногда внешность и первое впечатление бывают обманчивы. И для того чтобы потенциальные инвесторы вглядывались в лица современных ребятишек и думали: а может быть, они придумали не такую уж плохую вещь? И не просто так просят деньги и действительно перевернут потом мир, как это удалось команде Билла Гейтса?

К чему я это говорю? К тому, что, наверное, теперь этот спонсор, выступая в разных аудиториях, рассказывает, как они к нему пришли, как он отказывал, как в конце концов они ему надоели и он дал деньги.

И сам Билл Гейтс об этом рассказывает. Думаю, в рассказе он и его друзья выглядят трогательными, забавными, и наверняка вспоминаются разные подробности… И, конечно, эта история чрезвычайно положительно влияет на ту аудиторию, перед которой они выступают.

В этом рассказе есть все, что нужно для успешного выступления: история плюс ирония. А еще: искренность.

Запомните это правило трех «И»: история, ирония, искренность.

И не затягивайте историю про себя. Ваше выступление не может быть посвящено только вам. Никогда.

ВЫВОДЫ

- ■ Хорошее выступление редко обходится без личных моментов, и это нормально.
- ■ Нельзя хвастать и говорить о своих успехах, гораздо лучше — самоирония, рассказ о неудаче и о тех, кто помог вам выйти из трудной ситуации победителем.
- ■ Личная история может лишь украсить доклад или выступление, но не должна быть основной его частью.
- ■ Надо соблюдать осторожность, рассказывая о личном, так как эта информация может быть использована против вас.
- ■ Если вам не свойственны самоирония и искренность, лучше избегайте личных моментов.

ЗАДАНИЯ

1. Вспомните и запишите в блокнот пять-десять историй из своей жизни, которые можно назвать поучительными.
2. Расскажите эти истории в кругу друзей — только, разумеется, не все сразу, а дозированно. Последите за реакцией. Если возникла добрая эмоция, если завязался подобный разговор «по кругу», то вы молодец!
3. Ответьте на вопрос: чем битый отличается от обиженного?
4. Прочитайте стихотворение С. Маршака «Буква "Я"» — очень полезное напоминание!
5. Попробуйте о самом главном успехе в своей жизни рассказать с иронией, найдите мелкие забавные детали, чтобы не вы-

глядеть пафосным и важным. Проследите за реакцией аудитории. Если вас слушали с явным одобрением — у вас получилось! Но вашей аудиторией не должны быть только самые близкие, то есть люди, которые воспринимают ваши успехи как свои.

Глава 17

Реакция

Реакция — это качество, необходимое хорошему оратору и вообще любому «человеку говорящему». То есть человеку, который говорит в твердой уверенности, что его не просто слышат, но и слушают.

Мы слышим громкий звук, приятный или не очень. Мы слышим пение птиц. Слышать — это физиологическое свойство, мы не управляем звуками и не слышим только в том случае, если специально затыкаем уши или если у нас проблемы со слухом.

А слушать — это уже работа. Слушая, мы получаем информацию, которая кажется нам важной.

Способность слушать — очень важное, на мой взгляд, умение. Слышать — одно, слушать — другое, помните об этом.

минуточку!

То есть если я слышу, это не означает, что я слушаю?
Да, именно так.
Есть восприятие на уровне физиологии, когда вы слышите шумовой сигнал — потому что у вас есть уши. И есть включение разума и эмоций, когда этот сигнал имеет для вас особое значение — он или вызывает волнение, или дает пищу для размышлений.

Если мы говорим о ситуации, когда вы являетесь оратором, то есть говорите что-то важное и звучите громко, так что аудитории некуда деться от звуков вашего голоса, вы можете быть уверены только в одном — вас слышали! А вот слушали или нет — это еще вопрос.

Для того чтобы вас слушали, а не просто слышали, надо, чтобы вы выступали интересно, и это означает не только эмоционально и ярко. Самое главное — быть чем-то полезным аудитории: развлекать ее, давать ей нужную информацию и т. д.

Зачем же нужна реакция, если вам надо выступить с трибуны, и это должно занять 10 минут, и ваша задача — выдать необходимую информацию, например, сделать доклад на конференции. Вы подготовились. В вашем выступлении есть все, как учили, — эмоциональный момент, шутка, еще что-то. И вот вы выходите и выступаете…

При чем же здесь реакция? Мы говорим не о реакции зала, а о вашей реакции, то есть о способности моментально и грамотно среагировать на любую неожиданность.

Реакция означает готовность к этим самым неожиданностям. Потому что они могут произойти в любой аудитории, и вы должны повести себя правильно.

Человек, который выходит выступать, завладевает всеобщим вниманием. Он становится публичным, его рассматривают, обсуждают, на него реагируют.

Вы выходите на трибуну, и на вашем лице написано: вот сейчас я буду говорить, и вы будете не просто слышать меня, а слушать, да еще с интересом. То есть вы претендуете на то, чтобы быть интересным всем.

И если кто-то из присутствующих демонстративно отказывается вас слушать, на это надо суметь среагировать, иначе вы проиграете!

Пусть бо́льшая часть аудитории относится к вам хорошо, она не сможет не заметить, что вы не справляетесь пусть даже с одним человеком из ста. И вы сразу потеряете в ее глазах свой вес и авторитет.

КТО КОГО?

Реакция должна быть мгновенной. Есть люди, которые способны именно на такую реакцию. Но если вы не уверены в своих силах, то можно — и даже нужно — заранее продумать возможные варианты развития событий.

Особенно если вас ждет трудная аудитория, если вы знаете, что вам предстоит сложное выступление, если предвидите, что слушатели будут уставшими. Или, возможно, вы знаете, что ваше сообщение им навязали либо вами заменили кого-то, кого они очень ждали.

Все это очень невыигрышные для оратора ситуации, но оказаться в них может каждый. И вы должны быть готовы среагировать четко и грамотно и завоевать расположение аудитории.

Первое мое пожелание — старайтесь быть искренним!

Искренность и естественность — очень хорошее подспорье в работе с любой аудиторией.

Например, вы можете сказать, что знаете, как устали ваши слушатели, и выработать вместе с ними новый регламент вашего общения, немножко сократив лекцию или начав ее чуть позже, отпустив людей, чтобы они могли 10 минут отдохнуть.

Или объясните, почему именно вам пришлось заменить другого оратора, и заочно признайтесь ему в уважении и поклонении, а далее твердо предъявите себя как носителя интересной информации.

Если вы сразу среагируете на ситуацию, то очень выиграете, потому что выстроите мостик между собой и аудиторией.

минуточку!

В зале всегда может оказаться человек или группа людей, которые ведут себя плохо, как бы вы ни кланялись перед ними!

Да, такое бывает, и к этому тоже надо быть готовым.

Например, вы отлично подготовились, ждали именно вас, но в зале нашелся кто-то, кто демонстративно разговаривает по мобильнику, несмотря на то что вы на первой минуте выступления попросили выключить телефоны.

Я, кстати, советую всем, кто выступает публично, прилюдно, на глазах аудитории вынимать и отключать свой собственный телефон, и просить всех сделать то же самое.

Это очень хорошо действует. Люди сразу начинают вспоминать, где у них в сумках, портфелях, карманах лежат телефоны, судорожно их доставать и выключать.

Но если кто-то все же проигнорировал вашу просьбу, а теперь делает вид, что разговор чрезвычайно важен, начинает шептать или выходит из аудитории, кивнув вам на прощание, — с этим надо что-то делать, причем очень быстро!

Я думаю, подготовиться к таким моментам стоит заранее, причем можно спокойно использовать уже однажды найденные удачные формулировки — как свои, так и чужие. Только желательно не повторяться в одной и той же аудитории.

Самая лучшая и выигрышная для вас реакция — та, которая вызовет смех в зале. Если вы скажете: «Ну вот, я же просил», — вы проиграете. Потому что вы действительно просили, а человек не сделал. Значит, вы уже не лидер, не командир, не владеете залом. Лучше пошутить — сказать, обращаясь к этому человеку: четыре предыдущих телефона вы выключили, а пятый, видимо, забыли.

Один раз я услышала эту шутку от одного оратора. Она мне очень понравилась. Думаю, что он использовал ее не раз. Что ж, удачные фразы можно спокойно тиражировать и не бояться этого. Ничего страшного в этом нет, особенно если вы знаете, что не владеете моментальной, искрометной реакцией.

Можно найти анекдоты «на тему» и выписать их. Кстати, про мобильные телефоны их много. Рассказав один из них в подходящий момент, вы тем самым одновременно решите несколько задач — продемонстрируете отличную реакцию, вызовете всплеск эмоций у слушателей и дадите им расслабиться. А потом — раз! Изменили выражение лица, напомнили главную мысль сообщения. И люди опять сосредоточились и пошли дальше.

Уметь среагировать мгновенно и с юмором — это особый дар. Я замечала, что люди, которые им обладают, сами охотно смеются над своими шутками — то есть они сначала говорят и только потом осознают, что именно сказали. Наверняка у вас есть такие знакомые, и им трудно не завидовать. Но научиться этому умению, к сожалению, еще труднее!

В основном люди обладают так называемым лестничным чувством юмора — это когда выходишь из зала или кабинета, где возникла сложная ситуация, и только на лестнице понимаешь, как именно надо было среагировать!

Как часто я видела испуганные глаза людей в тот момент, когда они видели микрофон! Они пытались пошутить, сказать что-нибудь внятное и интересное, но еле выдавливали из себя что-то совсем уж шаблонное. Но встречались и другие люди, которые, наоборот, зажигались от вида микрофона, как от спички, и легко отвечали на все вопросы, так что ни я, ни мой оператор не хотели заканчивать этот случайный разговор на улице.

Был у нас такой герой по фамилии Журавлев из деревни Журавлиха. Однажды мы совершенно случайно взяли у него интервью, а потом уже специально поехали к нему, чтобы записать его монолог про охоту и показать в качестве подарка женщинам к 8 Марта! Он нас не подвел, я смеялась до слез, и микрофон дрожал у меня в руке, а уж как трудно было оператору Михаилу Сладкову, у которого камера не должна дрожать во время съемки!

Я и сейчас помню некоторые ответы Журавлева. Например, на вопрос: «Что самое трудное для охотника?» — прозвучал мгновенный ответ: «Уходить рано утром от жены, от тепленькой...»

ТЯЖЕЛЫЙ СЛУЧАЙ

Вы должны быть готовы среагировать и на самую сложную ситуацию, когда публика не воспринимает ваш доклад, несмотря на то что он хорошо подготовлен и вы вроде бы все сделали правильно.

Такое всегда чувствуется, если только вы смотрите людям в глаза, а не читаете, не отрываясь, по бумажке. Если глаза опущены в бумагу, контакт с аудиторией теряется.

Она вас слышит, но не слушает. Реакция ваша должна заключаться в том, что вы откладываете доклад в сторону или оставляете его перед собой в виде тезисов и просто идете по другому пути. Потому что главная ваша реакция — это реакция на реакцию аудитории, как бы сложно ни звучала эта фраза. Сложно, зато точно!

Можно перейти на интерактив. Спросите, что понятно, а что — нет. При этом обязательно нужно спрашивать и тех людей, которые слушают вас внимательно, открыв рот, и тех, кто не слушает, причем в соотношении 50 на 50, потому что последние могут быть застигнуты врасплох. И это будет интересно всей аудитории. Это подчеркнет вашу уверенность в себе.

А если вы вдруг столкнетесь во время выступления с человеком, который ведет себя нагло, некорректно — а такие люди, к сожалению, встречаются, — тут надо довести любое ваше решение до конца вплоть до просьбы покинуть аудиторию.

У меня несколько раз бывали такие случаи. Это очень неприятно, после этого я, разволновавшись, с трудом собиралась с мыслями. Иногда попадаются люди-провокаторы, которые хотят вам все испортить. И если ничего не помогает, можно спокойно сказать такому человеку, что терпение окружающих явно исчерпано. «И нам, и вам будет лучше, если мы просто расстанемся». И все. Это не будет восприниматься как ваш проигрыш, это будет восприниматься как победа.

Очень сложно рассказать обо всех возможных сложных ситуациях и тем более — дать рецепты на все случаи жизни. *Надо запомнить одно — вы не имеете права не реагировать на то, что мешает вашему успешному выступлению.*

Есть доска, но нет фломастеров — попросите кого-то из присутствующих сбегать за ними в деканат или даже в магазин, а пока возьмите у любого студента тетрадь и крупно нарисуйте на листке то, что хотели нарисовать на доске. Поверьте, это вызывает уважение и восторг, делает аудиторию ближе, создает другую атмосферу!

Есть фломастер, но он не пишет, такое тоже бывает. Пока ваш ассистент или студент ищет другой, вы спокойно пишете невидимые слова на доске и спрашиваете аудиторию: догадайтесь, что здесь написано?

Любой неудачный момент можно обратить в свою пользу, но реакция должна быть мгновенной, без тени растерянности или удивления.

Девушка модельной внешности вдруг встала и пошла к двери… Вы держите паузу, а потом спокойно спрашиваете: «Девушка, а почему вы не берете с собой сумку, вы ведь уходите навсегда?» Момент тишины, девушка говорит: «Я вернусь», — на что вы спокойно отвечаете: «Нет, вы не вернетесь, потому что вас никто не отпускал». И все. Больше никаких диалогов, последнее слово всегда должно оставаться за вами.

Однажды вполне милый студент начал провоцировать меня на конфликт, заявляя, что человеческий организм не может выдержать три часа сидения на одном месте, ему требуется перерыв, перемена — для буфета и туалета.

Я не могла пойти на это, потому что в зале было более ста человек и после перерыва мне не удалось бы быстро собрать их и настроить на работу.

И неожиданно для себя я предложила ему в одиночку уходить на перерыв, если его организм так сложно устроен, и несколько раз напоминала ему, что уже пора идти в буфет и туалет — под общий хохот зала. С тех пор сидел как шелковый.

Но вполне возможно, что с другим студентом такой номер не прошел бы, вот поэтому я остерегаюсь давать вам какие-то твердые рекомендации.

Успех вашего выступления — это такой результат, когда весь материал, который был вами подготовлен, то есть вся информация, которую вы хотели донести, оказывается в головах у ваших слушателей.

Значит, с каждым человеком в отдельности и со всей аудиторией вместе надо выстроить этот хрустальный мостик, по которому эмоции и знания перетекают от выступающего к слушателям, и это вызывает у них эмоции, и они поглощают ценную информацию и воспринимают ее с благодарностью. Все, что мешает этому процессу, благодаря вашей быстрой реакции должно быть сведено на нет.

ПОЛЕТ ОРДЕНА НА ГРУДЬ ГЕРОЯ

В качестве примера отличной реакции приведу историю про Джона Кеннеди, которую любит рассказывать Владимир Познер.

Вся Америка следила с восторгом, с замиранием сердца за тем, как первый американский астронавт полетел в космос. И вот настал торжественный момент — встреча астронавта с президентом Кеннеди у Белого дома.

Президент должен был вручить ему национальную награду. Встреча транслировалась по каналам американского телевидения и на весь мир.

И вот идет прямая трансляция. Солнце. Много журналистов, напряженный и торжественный момент. Американский президент, красавец, стоит, улыбаясь. Рядом с ним астронавт — смелый, мужественный, загорелый, белозубый.

Астронавт подходит к Кеннеди. Оба они в этот момент выглядят шикарно. Вот президент берет орден в руки — со специального подноса, который держит ассистент. И вдруг орден выскальзывает из рук и падает на землю, прямо в траву. Ужас! Ужас! Камеры все это показывают, астронавт в растерянности, на лицах у зрителей смущенные улыбки, потому что не ясно, как всем быть в этой ситуации. Как президент будет наклоняться, как он будет поднимать орден с земли, как он потом будет прикалывать его к пиджаку — все непонятно.

Но Кеннеди обладал блестящей, молниеносной реакцией. Он спокойно, величественно нагнулся, поднял орден, сдул с него пылинки. И прикалывая его к пиджаку астронавта, сказал такие слова: «Точно так же, как вы взмыли над землей, и затем с честью, со славой вернулись на нашу планету, точно так же этот орден побывал на земле, а теперь возвращается туда, где он должен быть, надеюсь, что навсегда — к вам на грудь. И я вас поздравляю!» Бурные аплодисменты, восторг, слезы в глазах людей! То есть получилось так, что он чуть ли не нарочно выронил этот орден!

Так что хорошая реакция — это когда любая неожиданность обращается не в минус, а в плюс оратору.

В этом и заключается формула успеха.

ВЫВОДЫ

- ■ Хорошая реакция — это готовность оратора в любой момент среагировать на любую неожиданность, обратив момент в свою пользу.

- ■ Надо уметь заранее продумать все моменты, которые могут нарушить ход вашего выступления, и быть готовым к ним.

- ■ Лучшая реакция на плохое поведение слушателей — юмор и шутка, не обидная, но вызывающая смех и поддержку аудитории.

- ■ Если вы оплошали — надо уметь посмеяться над собой.

- ■ Нет такой ситуации, из которой нельзя было бы выйти победителем.

Конечно, при условии, что у вас есть что сказать людям.

ЗАДАНИЯ

1. Придумайте, что можно сказать человеку, который отвлекает слушателей громким разговором по мобильному телефону.

2. Попробуйте поиграть в игры, требующие быстрой реакции, например в «садовника» или в «города». Проанализируйте, насколько быстро вы умеете собраться с мыслями.

3. В книге мудрых изречений найдите фразы, подходящие к разным случаям жизни, и запомните (а на всякий случай и запишите) их.

   Например: «Красиво жить не запретишь» и др.

4. Специально перепутайте листочки своего сообщения и попробуйте «вывернуться» из ситуации спокойно и без потерь. Если есть возможность, запишите это на камеру. Проанализируйте.

5. Перед выступлением попробуйте представить себе два варианта развития событий — наиболее и наименее комфортный для вас. Что вас пугает? Смущает? Так ли это опасно? Как вы будете реагировать, если это случится? Готовьтесь к худшему — это полезно.

Глава 18

Жесты, мимика, ходьба

Жесты, мимика, ходьба — как с ними быть? Об этом часто спрашивают люди, которым предстоит выступать перед аудиторией, и это правильный вопрос — их беспокойство вполне оправданно.

Я много наблюдала за хорошими ораторами — за тем, как они ведут себя перед аудиторией. Могу сказать, что все они активно используют и жесты, и мимику. А многие и ходят во время выступления. Ведь, как правило, люди, умеющие хорошо и свободно говорить, не могут устоять за кафедрой и уж тем более усидеть в президиуме на стуле, — для них это нетипичный стиль поведения.

При этом надо помнить, что дистанция между лектором и аудиторией — это очень важный показатель.

минуточку!

А какой может быть эта дистанция? И что считать правильным, а что — нет?

Первый вариант — *официальная дистанция*. Она предполагает чтение доклада с трибуны, выступление на митинге, на большой конференции или симпозиуме, перед огромной аудиторией в конференц-зале.

Вы излагаете нужную информацию от первого лица, то есть от своего имени. Перед вами — масса людей, именно к ним вы и обращаетесь. Ко всем вместе! Вам надо говорить только то, что они все хотят услышать и могут понять. Вы можете вызвать только общую реакцию — в том числе смех или гнев.

Общение с одним из этих людей — например, вопросы через микрофон — подразумевает мгновенный выбор только *тех из них*, которые волнуют аудиторию в целом. Никаких личных переговоров, никаких личных деталей от того человека, который задает вопрос, если они не интересуют никого, кроме него самого!

Глазами надо держать весь зал, даже если вы ослеплены лампами и никого не видите! Вы смотрите туда, где сидят люди, и поворачиваете голову, как бы наблюдая за каждым из них.

Некоторым ораторам прекрасно удается именно официальная дистанция общения, но гораздо чаще им приходится иметь дело с личной дистанцией.

Личная дистанция — это возможность обращения ко всей аудитории в целом и к каждому слушателю в отдельности, что предполагает совсем другую интонацию — не официально-трибунную, а спокойную, искреннюю — и совсем другое поведение. В большинстве случаев эта дистанция общения — самая правильная.

Наконец, третий вариант — это интимная, *сверхличная дистанция*, глаза в глаза, один на один.

Казалось бы — зачем нам это? В реальной жизни, с близкими людьми, когда мы ведем себя раскованно и естественно, можно позволить себе и полушепот, и любую шутку. А тут? Мы — лидеры, ораторы, должны вести себя в рамках приличий, и слово «интимная» в этой ситуации даже коробит.

Так, да не так. В арсенале хорошего оратора обязательно есть такой прием — неожиданный переход с личной на интимную дистанцию, особенно если вы точно знаете, что аудитория вас поймет и поддержит.

Вы можете вдруг приоткрыть свой опыт и поделиться сокровенной информацией, и в зале установится особая тишина, возникнет особое доверие. Вы можете в ходе тренинга «Самопрезентация» задать несколько личных вопросов тому человеку, биография которого вас поразила, но при этом вы должны быть уверены в том, что вся аудитория поражена не меньше вас.

Например, одна из студенток Школы телевидения «Останкино» во время тренинга спокойно сообщила аудитории, что является чемпионкой Европы по танцам на льду.

В это невозможно было поверить — скромная девушка в джинсах, держится неприметно, говорит тихо. Я решила вмешаться в ход тренинга и задала ей несколько вопросов: любит ли она сейчас танцевать? Почему бросила выступать? Была ли любовь с партнером — говорят, без этого не бывает успеха? Сколько им заплатили как чемпионам?

Эти вопросы не имели отношения к занятию, но видели бы вы глаза моих студентов, их восхищение сокурсницей, о которой они ничего не знали! Она, как я и ожидала, отвечала искренне и достойно, рассказала нам много интересного. Занятие как бы прервалось на пять минут интимного общения, а потом продолжилось вновь и обрело новое качество.

ДИСТАНЦИОННОЕ «УПРАВЛЕНИЕ»

Предположим, вы настроились на личную дистанцию и заранее подготовили шутки, вопросы для интерактивного общения и т. п. И вот вас приводят в зал, и вы сразу видите, что он очень и очень неудачный. Перед вами огромная сцена, на ней стоит маленькая неказистая трибуна, люди сидят далеко, и вы даже глаз не можете рассмотреть, потому что свет рассчитан только на вас.

Это очень невыигрышная ситуация. Когда сцена залита светом, зрители видят оратора, а он их — нет. В таких условиях говорить очень сложно — знаю по своему опыту. Надо иметь привычку к подобным выступлениям, уметь представить себе глаза зрителей. Можно заранее посмотреть в зал: так делают многие актеры перед тем, как выйти на сцену. Надо поймать аудиторию, настроиться на нужную волну — без этого не выступишь хорошо.

Двигаться и ходить — иногда по сцене, а иногда и по залу — ораторы начинают не случайно. Так им так гораздо проще задать нужную дистанцию общения и перейти с официальной на личную.

Так делает Владимир Познер, так делал Борис Немцов.

Многие политики просто спускаются в зал с микрофоном в руках, подходят как можно ближе к людям, и сразу становится ясно, что эти ораторы не только не боятся глаз, обращенных на них, но и хотят быть ближе к людям.

Стоя где-то далеко на сцене, вы невольно переходите на трибунно-ораторский стиль, который трудно воспринимается людьми, если только это не митинг, где можно выступать только так — с пафосом, эмоциями, громким голосом и т. д. Трибунный стиль — это особый вид выступления.

Но если вас позвали в школу выступить перед десятиклассниками, рассказать им о своей работе и в этом классе учится ваш сын или дочь, я посоветовала бы не говорить с трибуны и, уж конечно, не сидеть за столом президиума, а все-таки попробовать подвигаться, подойти к ребятам поближе.

И сразу возникнет другая интонация. И глаза слушателей подскажут правильные слова. Это другая дистанция, которая диктует иной стиль общения.

Стиль поведения оратора всегда зависит от многих условий — от поставленной задачи, особенностей аудитории, характера выступающего.

В конкретном коллективе могут быть приняты определенная дистанция общения и интонация, и это тоже важно.

В одной аудитории можно размахивать руками, а в другой — точно нельзя! В одной ситуации ваше неожиданное решение встать и начать двигаться во время совещания может быть воспринято как проявление независимости и уверенности в себе, а в другой — как полное неумение владеть собой!

СМЕХ СКВОЗЬ СЛЕЗЫ

Я помню, как активно, в сумасшедшем темпе вела свои первые телевизионные программы в прямом эфире, а потом зрители звонили и задавали два вопроса: что случилось с ведущей и почему она так часто смеется?

Нервический смех — не по делу, ничем не оправданный, почти после каждой реплики — это признак зажатости и волнения. Забавно, что часто этим отличаются люди, которые, казалось бы, просто обязаны в любой ситуации владеть собой — актеры, студенты театральных училищ. Они смеются непрерывно, особенно если находятся в одной группе. Что ни скажешь, что ни спросишь — в ответ смех! Это желание показать себя с хорошей стороны, помноженное на зажатость и волнение. Ведь телевизор — хороший шанс для начинающих актеров, вот они и стараются, а в итоге производят впечатление неумных и странных личностей.

Жесты тоже, безусловно, обращают на себя внимание. Особенно, когда они не вяжутся с вашей речью. И такое бывает — от волнения. Человек сам этого не замечает и потом на видео с ужасом наблюдает, как он, оказывается, размахивал руками, как много жестикулировал.

Движения руками, как и мимика, должны помогать эффективному восприятию вашей речи. И уж никак не мешать!

Ваш замечательный доклад могут плохо воспринять исключительно потому, что вы бегали по сцене и размахивали руками. Аудитория следила за вами, а не слушала. Она и не могла слушать, потому что следить за вами было гораздо интереснее.

Иногда студенты даже делают ставки — упадет лектор с крутой ступеньки или нет? Выронит свои бумажки, делая очередной резкий жест или на этот раз не выронит?

Если вы постоянно что-то крутите, вертите в руке, все время щелкаете шариковой ручкой или подмигиваете непонятно кому правым глазом — нервного тика вроде нет, а глаз почему-то подмигивает, — с этим надо что-то делать!

Встречаются и такие люди, у которых от волнения дрожит коленка. И это тоже может очень сильно отвлекать слушателей. Они начинают следить то за несчастной ручкой, которую вы ломаете, то за мелом, который вы непрерывно, сами того не замечая, крошите в руках, то за коленкой, которая почему-то все время у вас трясется…

Помните, что в руках одного оратора ручка, если он щелкнул ею два раза и по поводу, и еще сам над собой посмеялся, — никого не выведет из себя, а в руках другого, который будет нервно стоять и щелкать, — будет восприниматься ужасно.

То, что хорошо для одного, может абсолютно не подойти другому человеку.

Поэтому надо поработать над собой и добиться того, чтобы ваша мимика, жесты, движения на сцене не отвлекали людей от главного, а наоборот, способствовали лучшему усвоению материала.

ПО СТОЙКЕ «СМИРНО»?

Мне приходилось видеть ораторов совсем без жестов, совершенно бесстрастных, абсолютно неподвижных. Стоит, как манекен, только губы шевелятся, и это, конечно, тоже воспринимается с трудом. Ведь человек — существо живое.

Александр Акопов, открыв во ВГИКе свои продюсерские курсы, преподавал очень забавно. В течение всех трех часов занятий он расхаживал вдоль парт. В его мастерской училось человек 50, и все они с добрыми улыбками крутили головами вслед Мастеру. А иногда он просто усаживался на стол, нога на ногу, в этакой свободной американской манере. Конечно, с одной стороны, это может показаться странным. Я видела, как студенты переглядывались и улыбались. С другой стороны, создавался абсолютно необыкновенный образ человека, который умеет и хочет общаться неформально. Вот он здесь, сидит на столе, нога на ногу, прихлебывает холодный кофе… Он доверяет аудитории и ведет себя совершенно естественно, как вел бы себя дома, с близкими.

И атмосфера становилась особенной, дистанция превращалась из личностной в интимную, люди что-то говорили с места, задавали вопросы, хохотали.

Возникало то лучшее, что может быть, — ощущение творчества, сообщества, сотрудничества, соратничества, вместе-придумывания чего-то. Это дорогого стоит.

Очень интересно наблюдать, как выступает перед аудиторией Познер. Мне доводилось видеть его несколько раз перед разными аудиториями и даже организовывать и готовить такие встречи.

Он очень разный — в зависимости от того, с какой целью и куда его позвали, и это правильно. Я видела его веселым, очень демократично одетым, расхаживающим по аудитории перед молодыми журналистами, которых он величаво именовал «коллегами». Видела его перед огромной студенческой аудиторией в ситуации, когда он стоял на сцене и у него не было микрофона. То есть говорить надо было очень громко, чтобы слышно было на задних рядах, а в зале сидело не меньше 800 человек. И в этой сложной ситуации он оставался «своим». И зал задавал самые разные вопросы, вплоть до вопросов о личной жизни. И он охотно отвечал, шутил, рассказывал совершенно необыкновенные анекдоты.

Зато выступая перед профессиональными работниками киноотрасли, он был совершенно другим. В зале сидело человек 100, а он как был, так и остался за столом, совсем не ходил. Выступал ровно 20 минут, как и обещал, и рассказал те вещи, которые интересовали людей, заранее узнав, что они хотели бы услышать. А потом отвечал на вопросы. И это была другая манера — спокойная, хотя, конечно, с жестами, потому что руки работают сами по себе, они помогают человеку говорить, делают речь более яркой, словно бы зримой.

Руками можно что-то начертить в воздухе, нарисовать круг, провести линии. Но если ваши руки непрерывно трогают вас за лицо, нос, подбородок, залезают в уши, тогда они вам сильно мешают. И за ними надо следить.

МИНУТОЧКУ!

Так все-таки — ходить или не ходить? Жестикулировать или стоять смирно?

Как говорят англичане и американцы, it depends — это зависит… От обстоятельств выступления, от вашего характера, харизмы, от того, какие выводы вы сделаете, просмотрев записи своих предыдущих выступлений.

Но очень много бегать я не советую. Если у ваших зрителей, ваших слушателей откручивается шея, так как вы постоянно носитесь по аудитории, это не очень хорошо.

Очень опасно, если люди сидят за круглым столом, вставать за их спинами.

Но я это практикую, потому что ставлю всех в одинаковые условия. Я обхожу весь зал, то есть по очереди оказываюсь за спиной у каждого из присутствующих и перед лицом тех, кто сидит напротив. Зачем я это делаю? Круглый стол очень неудобен для выступления. Трудно видеть глаза. А когда делаешь такой круг, можно посмотреть в лицо каждому.

И я с радостью наблюдаю, как какой-то крупный чиновник, который изначально явно был настроен против моего тренинга, вынужден поднять глаза в ответ на мой требовательный взгляд, а потом ответить на вопрос, который я только что задала.

Вспомните, как вели себя учителя, которых вы не можете забыть до сих пор! Именно они научили вас литературе, математике, физике — в жизни каждого человека наверняка был такой профессиональный учитель.

Попробуйте вспомнить — он (она) ходил или сидел? Жестикулировал или нет? Очень трудно сосредоточиться и ответить однозначно, но фотографически представить своего учителя в его любимой позе — у доски или у задней парты — можно легко и сразу!

Если манера поведения человека вам запомнилась, значит, он вел себя органично, и это главное в публичном выступлении.

Наши человеческие особенности могут быть присущи нам с детства, но они отнюдь не всегда смотрятся органично, когда мы предъявляем себя в качестве объекта для восприятия другими людьми.

Поэтому надо убрать то, что явно мешает, и закрепить то, что помогает общению.

РАБОТА НАД ОШИБКАМИ

Я уверена, что немногие ораторы знают, как они на самом деле ведут себя во время выступления — с точки зрения мимики, жестов, даже ходьбы.

Я записывала на видео работу тренеров нашего центра и видела потом их реакцию на самих себя. Люди даже не думали, что они выступают именно так, потому что, когда человек говорит, он взволнован и сосредоточен и не представляет себе, что в этот момент делают его тело, его руки и лицо. Откуда-то вдруг берутся неловкие позы, закатывание глаз, причмокивание губами…

Итак, это надо увидеть! Установите любительскую камеру, запишите свое выступление — только надо, чтобы была реальная аудитория, — и будьте готовы к большому разочарованию. Тем не менее это надо пережить.

Очень полезно поговорить с людьми, которые вас знают и слышали ваши выступления, и спросить у них, какие вредные привычки у вас есть.

Иногда у людей очень живая, подвижная мимика, и это тоже может быть помехой. На телевидении есть такое выражение — «хлопочет человек лицом». Это означает, что он много моргает, шмыгает носом, что-то такое делает губами.

Бывает, что губы работают не ровно, а как-то на сторону. Все эти мелочи очень важны, потому что если у вас есть какие-то недостатки, вам придется говорить настолько интересно, настолько эмоционально, чтобы они воспринимались как ваши достоинства!

Такое тоже бывает, когда люди хотят видеть и слышать именно вас. Они уже ко всему привыкли — к тому, что руки двигаются, а коленка дрожит, — и им все это даже нравится. Это тот случай, когда проблема перекрывается невероятным талантом и успехом у аудитории.

Например, есть у нас на телевидении журналисты, которые не выговаривают букву «р». Хотя вообще-то это недопустимо. Хорошая дикция обязательна для профессионального журналиста.

Но вот Георгию Молокину его мягкое «р» сослужило хорошую службу!

Если бы вдруг он взял уроки у логопеда и научился выговаривать этот звук правильно, думаю, это повредило бы его репутации интересного журналиста и рассказчика, потому что именно на его мягкое «р» люди слетались к телевизору. До сих пор, когда он что-то рассказывает, все слушают его, затаив дыхание, и всем кажется, что это «р» только украшает его речь, что это хорошо, потому что это именно Молокин. Его речевые особенности уже стали его неотъемлемым признаком.

Однако я не советую вам утешать себя тем, что я это не могу и то не могу, и коленка дрожит, и руки двигаются странно, но ничего — меня любят и таким.

Все-таки поработайте над тем, что можно исправить. Надо все время помнить о том, что вас не просто слушают, но еще и рассматривают, для аудитории вы — объект наблюдения. У каждого из нас есть свои недостатки, и каждый из нас способен их преодолеть.

Егор Гайдар во времена, когда был премьер-министром, часто чмокал губами, а потом избавился от этой привычки.

Евгений Киселев, когда вел программу «Итоги», часто тянул «Э-э-э».

Кстати, я хотела поговорить об этой манере. Я называю это громкой паузой. Человек держит паузу, но вместо того, чтобы помолчать, сам того не замечая, говорит «э-э». «Я — э-э-э — хочу сказать — э-э-э, — что наш завод — э-э-э», — и так далее. Слушать это невозможно. Очень часто этим страдают политики и даже профессиональные журналисты. Но избавиться от «громких пауз» можно — опять же путем тренировок.

Самое главное — выявить проблему. Записывать себя на диктофон, на камеру. Сначала понять, в какой момент и как именно вы говорите или делаете что-то не то, потом зафиксировать ошибки и начинать с ними бороться. Можно призвать на помощь педагогов или тренеров, но всегда надо помнить: пока вы сами не захотите победить свой недостаток, никакой учитель вам не поможет. В общем, трудиться придется много, и надо быть к этому готовым. Ведь ораторами не рождаются, ими становятся!

ВЫВОДЫ

- ◼ Поведение оратора зависит от дистанции, которую он устанавливает между собой и слушателями;
- ◼ Самая распространенная дистанция — личностная, она позволяет оратору вести себя достаточно раскованно, двигаться по сцене и залу;
- ◼ Каждый выступающий должен знать особенности своей мимики и жестов и контролировать себя во время выступления;
- ◼ Излишняя эмоциональность, смех, жестикуляция могут сильно повредить восприятию выступления;
- ◼ Оратор вполне может позволить себе раскованное и смелое поведение — при условии, что он абсолютно уверен в успехе общения с аудиторией, то есть у него есть необходимый запас прочности.

ЗАДАНИЯ

1. Запишите на видео любое свое выступление. Проанализируйте его с точки зрения мимики, жестов, движения. Насколько они были оправданны? Насколько органично воспринимаются?

2. Попробуйте сделать сообщение на любую тему, связав руки за спиной. Вы почувствуете, как нужны вам ваши руки, но сможете контролировать их.

3. При общении с другом сыграйте в такую игру — начните говорить из дальнего угла комнаты и медленно приближайтесь. Вы заметите, как меняется темп речи и ее смысл — в зависимости от того, насколько близко к вам оказываются глаза слушателя.

4. Посмотрите по телевизору любимых телеведущих — обратите внимание, как мало они позволяют себе мимики, как строго держат голову, плечи, как мягко улыбаются и редко смеются. Надо брать с них пример!

5. Если вы привыкли выступать только на трибуне или, наоборот, только ходить по аудитории — попробуйте изменить дистанцию и добиться успеха! В вашем арсенале должны быть разные варианты выступления в расчете на любой зал и любую аудиторию.

Глава 19

Знание аудитории

Настало время поговорить о самом, может быть, главном — о необходимости знать аудиторию.

Дело в том, что ваша замечательная, блестящая, продуманная речь может провалиться просто из-за того, что вы попали не в ту аудиторию. Не угадали, не поняли, перед кем выступаете.

У процесса говорения и слушания есть две стороны: тот, кто говорит, и те, кто слушает.

Как заказчик всегда прав, как клиент всегда прав, так и аудитория — всегда права. Если она вас не слушает, значит, что-то не так с вами, а не с ними, хотя иногда хочется думать, что это они плохие, а вы — хороший!

Если вы, к примеру, руководите каким-то департаментом и вам предстоит выступить перед иностранными гостями с рассказом о своей работе, а через месяц надо сделать подобное сообщение перед студенческой аудиторией, а потом, например, перед коллегами — понятно, что один и тот же доклад, одна и та же интонация, одни и те же шутки никак не пройдут.

Как это ни грустно, к каждой аудитории приходится готовиться заново!

минуточку!

Почему мы должны приспосабливаться к аудитории, а не она к нам?

Потому что мы решаем свою задачу — нам надо донести информацию, причем сделать это наиболее эффективно.

Аудитория, так или иначе, вынуждена приспосабливаться к манере говорить, к интонации, к внешнему виду выступающего, наконец. Ей некуда деться. Если данный оратор совсем уж ей не подходит, публика реагирует в зависимости от своей зависимости от него. Извините за тавтологию — я намеренно поставила одно слово два раза подряд.

Если говорит босс, а перед ним сидят подчиненные, они всегда будут делать вид, что он выступает блестяще, — в силу своей зависимости. Если перед профессором сидят студенты, они будут стараться понять суть лекции, потому что им предстоит сдавать ему экзамен. Если вождь выступает перед собратьями по партии, они эмоционально будут настроены на то, чтобы еще раз восхититься своим лидером и убедить себя в правильности своего политического выбора, во всяком случае, в начале пути. Позднее этот же вождь может вызывать у них совсем иные эмоции, вплоть до желания свергнуть его с пьедестала.

Есть зависимость, есть мотивация. Зависимость существует — или не существует — изначально, а вот мотивировать любую аудиторию слушать вас — это именно ваша задача.

И для этого надо иметь максимум информации о тех людях, перед которыми вы выступаете.

БУДЕМ ЗНАКОМЫ!

Иногда мы только думаем, что знаем свою аудиторию. Я призываю вас потратить перед выступлением время — ваше или ваших помощников, если они у вас есть, хотя в этом вопросе я бы не доверяла никому, — на то, чтобы узнать: кто находится в зале? Сколько у вас слушателей? Почему они пришли на вашу лекцию? Их принудили или они сделали это по собственному желанию? Что они знают по этой теме?

Вдруг в зале сидят люди, которые знают больше вас?! Это может стать очень неприятным сюрпризом. Но если вы будете готовы к этому, отлично. Кто информирован — тот вооружен!

Вы можете начать свое выступление с интересного сообщения: вам известно, что в зале сидят люди, которые владеют этой темой лучше докладчика, но почему-то говорить сегодня должны именно вы.

Это хорошее начало, оно одновременно и задает загадку: почему вы все-таки рискнули выступить, — и является комплиментом аудитории, и выглядит доброй насмешкой над самим собой.

Вы должны постараться выбить почву из-под ног людей, которые могут доставить вам неприятности. И очень хорошо, если вы будете знать хоть что-то конкретное о ком-то из сидящих в зале, даже в незнакомой аудитории. Помочь вам в этом — тоже задача помощников или тех, кто пригласил вас для выступления.

Заодно потренируете память! За несколько минут или даже секунд до того, как вы возьмете в руки микрофон или взойдете на трибуну, вы должны запомнить, что в третьем ряду справа сидит гений и умница, который знает все обо всем и имеет дурной характер, а в первом ряду сидит весельчак и непоседа, который ничего не хочет слушать и провоцирует любого оратора.

Помните рассказ Василия Шукшина «Срезал!»? Если не читали или подзабыли, советую найти и перечитать.

Это прекрасный пример того, как один провокатор может повлиять на всю аудиторию и обезоружить любого выступающего.

Такое бывает и в жизни, ведь всегда есть завистники, не заинтересованные в вашем успехе. Сорвать ваше выступление — их задача, и значит, они будут идти к своему успеху — через ваше поражение.

Лучше всего, если вы будете подготовлены всесторонне. Я уже говорила об интерактиве, о необходимости общения с аудиторией и о том, что хорошо бы заранее получить вопросы от нее.

Когда люди пренебрегают тем, чтобы узнать свою аудиторию, прежде чем в нее войти, они ставят под угрозу срыва свое вполне успешно подготовленное выступление. И не случайно с одним и тем же продуктом в разных аудиториях ни у кого не получится добиться одинакового успеха. Обязательно надо что-то менять.

МИНУТОЧКУ!

Тогда почему многие уважаемые и успешные ораторы и педагоги ездят с одинаковыми текстами по разным странам и выступают перед разными аудиториями?

Это и так, и не так. Не надо путать основную идею, мысль или набор приемов, которые вы должны донести до аудитории с тем, КАК вы это делаете. Если лектор успешен, значит, он приложил усилия к тому, чтобы подготовиться к встрече именно с этой аудиторией.

Сегодня принято, чтобы слушатели получали раздаточные материалы от вас и в том числе — ваше резюме. Его я советую готовить каждый раз заново, вернее, готовить разные версии — в зависимости от того, перед кем выступаете. Это не веяние моды, это необходимость. Если вы выступаете перед детьми, наверное, надо указать в биографии, например, тот факт, что вы работаете на радио или телевидении с восьми лет. Детям это будет очень интересно, потому что, оказывается, вы в их возрасте сумели добиться того, о чем они, может быть, втайне мечтают!

Я уверена, что не только для детской аудитории надо писать свою биографию весело, с самоиронией, шутливо. Зайдите на сайт «Квартета И» или почитайте биографию Леонида Парфенова, посмотрите, как забавно презентуют себя известные телеведущие Первого канала, причем не только те, кто ведет развлекательные программы. Это современный тренд — легкость, насмешливость, прежде всего по отношению к самому себе.

Однажды я видела резюме в стихах. Мне оно чрезвычайно понравилось. Но, конечно, если вы идете к серьезным людям, которые явно не воспримут легкий насмешливый стиль, то биография должна быть краткой, впечатляющей и содержащей только факты. В этом случае нелишним будет упомянуть о своих наградах, если они у вас есть, а вот перед детьми этого делать не надо.

Они не понимают, что такое награды, и для них это звучит как бахвальство.

Ваша биография, которая состоит из совершенно очевидных вех — учился там, учился здесь, добился того, добился этого, приобрел такие-то и такие-то навыки, — в зависимости от аудитории, в которой вы выступаете, может и должна быть изложена по-разному. Это необходимость.

НЕОБХОДИМО И ДОСТАТОЧНО

Существует ли формула успеха, и какова она? Предположим, вы заранее задали вопросы аудитории, собрали ответы на них, слушатели готовы к встрече с вами, нацелены на нее, прочитали вашу биографию, написанную специально для них. Предположим, вы знаете, почему они пришли сюда, чем отличается их жизнь от жизни других людей, что их объединяет, как они настроены и что они знают по данной теме. Предположим, все это сделано. Достаточно ли этого?

Это необходимо, но все же недостаточно. Я думаю, что вам надо готовить свое выступление, руководствуясь тремя пунктами.

Первый: все, что вы говорите, должно быть понятно данной аудитории. Понятно! Каждое слово, каждый пример!

Второй: должно быть интересно. Без интереса ничего не бывает.

Третий: ваша тема должна касаться лично каждого из тех, кто сидит в зале. Все присутствующие должны понимать, зачем каждому из них нужно знать то, что вы им собираетесь рассказать. Потому что даже если это важно и интересно, но не касается их лично и лично они ничего не приобретут, вас не будут слушать.

У людей должна быть мотивация.

Предположим, вы идете рассказывать про космический корабль, который строите на своем заводе, в музыкальную школу, где учатся одаренные дети. Ваши слушатели очень далеки от этой темы, и вы как оратор им, безусловно, навязаны. Значит, вы должны подумать о том, каким образом связать ваш космический корабль с музыкой и почему будущим музыкантам надо обязательно о нем знать, чем это им поможет в жизни.

Это очень хороший прием, когда вы говорите аудитории, чем именно в реальной жизни каждому из присутствующих поможет то новое знание, которое вы принесли с собой.

Однажды моей маме предложили читать курс педагогики в университете. Она профессор, доктор педагогических наук. Работала и работает в педагогическом вузе. А тут вдруг совершенно другие специальности — физика, математика, история, и студенты, которые хотят идти куда угодно, кроме школы.

На первой лекции вместо целого потока студентов сидело несколько человек. И все же она сумела добиться успеха! К середине курса на ее лекции ходили не только те, кто должен был, но еще и много дополнительных слушателей. Лектор она блестящий, к лекциям готовилась очень хорошо, но главное — она нашла правильную мотивацию. Она сразу сказала, что будет читать такой курс педагогики, который будет полезен всем как будущим родителям. И студенты после первой же лекции осознали, что это именно те знания, которые могут им пригодиться. Ведь каждый молодой человек или девушка мечтает создать семью, быть родителем, и им нужны навыки и знания, которые могут помочь им в общении с собственными детьми.

СЛАГАЕМЫЕ УСПЕХА

Теперь на каждом пункте хотелось бы остановиться подробнее.

Правило первое — говорить понятно!

Понятно должно быть не на уровне разжеванной каши, а на уровне той аудитории, которая перед вами сидит, но чуть-чуть, на одну ступенечку выше. Чуть выше, чем ваши слушатели могут. Люди любят тянуться вверх, они испытывают благодарность, если их мозги напрягаются, шарики-винтики крутятся, и наступает момент, когда человек готов закричать: я понял, понял! Это огромная радость — сотворчество, продвижение вперед, осознание собственного интеллектуального роста.

При этом вы должны показать аудитории свой уровень, продемонстрировать вашу готовность идти еще дальше, к следующей ступеньке понимания. Не опускаться, но и не взлетать над слушателями!

Я советую иногда на волне общего энтузиазма дать какие-то немножко непонятные вещи и заметить: «Ну, это вам рано. Это вы узнаете тогда-то и тогда-то. Это отдельно можно прочитать там-то и там-то». Полезно блеснуть эрудицией и показать, что вы владеете тем уровнем, на котором находится аудитория, плюс еще один. Но не три, не десять, не пять, потому что иначе это будет выглядеть как бахвальство, и внимание аудитории будет утрачено ровно в тот момент, когда она перестанет понимать, о чем идет речь.

Поэтому во время выступления будьте осторожны с «прямыми диалогами», когда люди, которые знают предмет лучше других, хотят обсудить с вами тот или иной момент более подробно, блеснуть собственными знаниями, проверить вас на прочность, прояснить нюансы — мотивы не так важны, они всегда разные. Конечно, вам с ними интересно поговорить и обменяться сведениями, но в этот момент вы «предаете» других слушателей, теряете их внимание и, более того, задеваете их самолюбие. Все должно быть понятно всем — каждому слушателю, а не избранным.

Правило второе — говорить интересно!

О том, что ваше выступление должно быть интересно аудитории, мы говорили во всех предыдущих главах книги. А чтобы стать интересным, оно должно быть эмоциональным, и содержать не больше трех важных мыслей, и быть хорошо изложено, с шутками, иронией и личным опытом. Понятно, что нет ораторов, которые используют сразу все инструменты, о которых мы говорили. Но чем больше вы их используете (они же взаимосвязаны!), тем лучше для вас. И вы должны специально думать об этом: что есть в вашем сообщении особенного — такого, что заставляет людей слушать не только внимательно, но и с интересом, о драматургии выступления, о начале и финале. Эмоция, которая охватит весь зал, — где вы это запланировали, в каком месте выступления? Все это должно быть продумано заранее, при подготовке.

Из разряда «интересно» на первое место я бы поставила ИСТОРИЮ. Любую — литературного персонажа, вашу личную, историю ваших друзей. Истории всегда слушаются с интересом, потому что докладчик в этот момент становится рассказчиком, это привлекает аудиторию, дает ей возможность расслабиться и просто послушать. Но в тот момент, когда история затягивается и становится самоцелью, вы теряете престиж лектора и оратора.

Внимательная и благодарная аудитория — не есть ваша цель, ваша задача — донести информацию, причем именно так, как вы этого хотите.

Я всегда советую начать с истории, но не завершать ее, оставив интригу — ожидание развязки. Однако под занавес вы должны зарезервировать время, чтобы дорассказать историю и успеть связать ее с главной темой вашего выступления, и еще ответить на вопросы.

Приведу пример. Известный историк моды Александр Васильев много и с большим успехом выступает с разными лекциями. Я присутствовала на одной из них — о коммерциализации дизайна и моды в наше время.

Началась она с сообщения о том, что однажды Коко Шанель заработала огромные деньги, не прилагая никаких усилий, — в отличие от всей своей предыдущей жизни, когда каждая ступенька ее роста достигалась ценой огромного напряжения.

Далее Васильев рассказал, как она выбивалась из сил, как много врагов имела, и вдруг резко сменил тему, перейдя на конкретные случаи успеха различных брендов — уже в наши дни.

Но публика не забыла яркое начало лекции и ждала финала. И она не была разочарована — за три минуты до конца лекции Васильев «как бы случайно» вспомнил о неоконченной истории и рассказал, как однажды в дом к стареющей Коко Шанель постучались молодые ребята и предложили ей выпустить духи под ее именем. Она изучила предложенные ароматы и со скрипом, преодолевая собственное предубеждение, согласилась. Ей нужны были деньги, а рисковала она своим именем — сложная ситуация.

Пауза. И на последней минуте лектор сообщает: она получила несколько миллионов долларов, они получили в сто раз больше!

Безумно интересно и вместе с тем так поучительно, настолько в тему лекции — как говорится, в яблочко! Что говорить — мастер!

Правило третье — вызвать личный интерес слушателей, то есть сделать так, чтобы ваше сообщение касалось каждого.

Перед выступлением обязательно нужно подумать: а зачем моим слушателям надо это знать? Для ответа на этот вопрос вам просто необходимо представлять, что за аудитория будет перед вами. Иначе легко можно «пролететь мимо». Аудитория прослушает ваше хорошее выступление — и ничего. А почему?

Да не зацепило!

Надо, чтобы слушатели проглотили ваш «крючок». А значит, надо точно понимать, какими именно знаниями они обогатятся после того, как вас послушают, насколько станут защищеннее или успешнее. Это важно не только для них, но и для вас. Вы должны подумать о том, зачем этим людям вас слушать. Если вы не задаетесь этим вопросом, вы никогда не станете хорошим учителем или оратором — человеком, который говорит так, чтобы его слушали и воспринимали.

Зачем им это надо? Не очень-то приятный вопрос. Но если вы сразу отвечаете: не знаю, зачем! — тогда думайте дальше, потому что такого не бывает, такого просто не может быть!

Мне кажется, каждый человек может что-то дать другим людям. Конечно, только в том случае, если он в своей жизни потрудился, чего-то достиг и готов поделиться своими знаниями и навыками. Но этот человек должен осознавать, что для того, чтобы передать свои знания или навыки, надо еще чуть-чуть потрудиться — понять, что именно он может предложить аудитории и как надо подавать это «блюдо».

Примеров — и положительных и отрицательных — я могу привести множество. Дело в том, что попадание или непопадание в аудиторию, борьба за пресловутые доли и рейтинги — это обычная жизнь любой радиостанции и любого телеканала, и эта жизнь мне хорошо знакома. У каждой радиостанции, у каждого телеканала есть своя аудитория, и не дай бог ошибиться! Если человек с манерой разговора и поведения, рассчитанной на восприятие зрителями телеканала НТВ, придет на канал «Домашний», всем очевидно, что его просто не поймут. Люди, которые выбрали тот или иной канал, ведут себя, как прикормленные рыбки. Например, домохозяйки, отдающие предпочтение каналу «Домашний», привыкли к определенной интонации, к тому, что их не будут пугать, не будут показывать трупы. Никаких «скандалов — расследований» на канале «Домашний» не надо! Его включают ради гарантированного комфорта, ради хороших сериалов, кулинарных программ, передач про воспитание детей и про животных. Для этого и создан этот канал. Как только он появился, вокруг него сразу собралась большая аудитория. А почему? Потому что раньше такой гарантированный комфорт мог предложить только канал «Культура». Но он рассчитан на людей, продвинутых в эстетическом отношении. На тех, кто хочет слушать классическую музыку, смотреть сложные фильмы… Талантливый продюсер Александр Роднянский понял, что канал «Культура» не может «охватить» всех жаждущих покоя и комфорта. И создал «Домашний», и нашел своих зрителей.

Но перепутать аудиторию означает отпугнуть ее навсегда!

Если представить, что в течение недели на канале «Домашний» будут показывать трупы и ужасы, ясно, что он потеряет свою аудиторию и едва ли обретет новую, так как потенциальные зрители давно отдали предпочтение другим каналам.

То же самое относится к любому лектору. Его аудитория — люди определенного уровня знаний, привыкшие к определенному ритму жизни, собравшиеся по определенному поводу, и если он не угадает, зачем может быть нужен им сегодня, то «не попадет» в аудиторию и сам будет в этом виноват.

Поэтому не надо жалеть ни времени, ни сил на то, чтобы задавать все новые и новые вопросы организаторам, мучить их этими вопросами. К тому же любая аудитория бывает очень довольна и эмоционально реагирует, когда лектор вдруг использует в своем докладе примеры из жизни тех, кто сидит в зале. Я знаю одного молодого педагога в Нижегородском университете, который все задачки по математике начинал так: «Три студентки (или пять студенток) нашего факультета пошли туда-то...» Представляете, как загорались глаза у студентов, потому что задачка-то была про них!

Если вы знаете, что завод, на который вы пришли, два месяца назад получил государственную награду или, в отличие от других заводов, за последние полгода не сократил ни одного работника, скажите об этом — и в глазах ваших слушателей зажжется огонек благодарности к вам, потому что вы потрудились.

То же самое бывает, когда журналист берет интервью. Если он мало знает о своем собеседнике, интервью никогда не получится интересным! В одном из фильмов Родиона Нахапетова, который я недавно смотрела, была замечательная фраза. Там молодая журналистка пригласила взрослого, достойного человека на интервью. Он ждал этого, готовился, ему это было очень важно: после нескольких лет трудной эмиграции вдруг — общественное признание! Но она выполняла свою работу механически, совсем не подготовилась и не считала это необходимостью. Для начала она перепутала его имя, потом начала задавать вполне дежурные вопросы, он отвечал неформально, и каждый его ответ мог и должен был спровоцировать совсем иные вопросы, но она продолжала смотреть в свой листочек и «шла по списку», не отступая от скучного сценария.

Получив ответ на последний вопрос, она сказала: «Спасибо, что вы дали нам интервью». А он ответил: «Я-то давал. Но вы не взяли».

Это очень хорошая фраза. Общение предполагает обмен эмоциями. То, что вы говорите, должно стать достоянием тех, кто вас слушает, они должны вложить эту новую информацию в свои головы, и хорошо бы, чтобы ваши слова проникли в их сердца, затронули их и запомнились.

Если ваши слушатели молоды — есть шанс, что удачное выступление они запомнят навсегда и даже могут поменять что-то в своей жизни.

Ваша задача, безусловно, — запомниться.

И не с отрицательной стороны, как человек, который пришел, наговорил что-то непонятное и ушел. А люди стали беднее ровно на то время, которое потратили впустую на вас.

Ведь бывает и по-другому. Люди могут ощутить, что они стали богаче. Богаче на это событие, на это выступление, над которым они еще долго будут думать, а потом, возможно, пересказывать важные мысли своим друзьям и детям. Многим ораторам это удается. Именно тем ораторам, которые, прежде чем сказать, думают, кто перед ними.

Есть замечательная история, ее любит рассказывать Константин Райкин. История про неопытную — это не позор, — но при этом еще и неподготовленную — что гораздо хуже! — журналистку. Ему позвонили из известного издания, сказали: «Мы пришлем к вам девушку — журналистку, она возьмет у вас интервью». Константин Райкин — занятой человек, главный режиссер театра «Сатирикон», но интервью так интервью.

Назначил время. Пришла девушка, села перед ним, включила диктофон и обращается к нему: «Константин, простите, не знаю вашего отчества…». На этом интервью было закончено.

Константин Аркадьевич достаточно резко сказал: «Знаете, девушка, потрудитесь узнать мое отчество, и давайте встретимся завтра». Как можно, живя в нашей стране, не знать Аркадия Райкина?! Как можно прийти к человеку, не узнав его биографию?! Непонятно!

На следующий день журналистка знала отчество, но ничего не знала о театре «Сатирикон»… Видимо, это был безнадежный для нашей профессии человек.

Есть закон для интервьюера: чем больше он знает о своем собеседнике, тем лучше, и глубже, и искреннее будет ваш диалог.

То же самое касается любого оратора. Чем лучше вы знаете аудиторию, перед которой выступаете, тем выше гарантия успеха вашего выступления. Вам надо добиться того, чтобы вы передали слушателям свои знания, свою информацию. А они *взяли* бы ее в полном объеме и с удовольствием!

ВЫВОДЫ

- ◼ Чем больше времени и сил вы потратите на изучение своей аудитории, тем лучше для вас.
- ◼ Нельзя с одним, даже самым удачным докладом выступать одинаково перед разными аудиториями — надо вносить коррективы.
- ◼ Правило хорошего выступления: интересно — понятно — касается каждого.
- ◼ Надо чаще задаваться вопросом, зачем вашим слушателям вас слушать.
- ◼ Можно научиться говорить так, чтобы запомниться.

ЗАДАНИЯ

1. Выберите в Интернете любую интересную информацию и попробуйте написать тезисы сообщения на эту тему для разных аудиторий — студенческой, детской, сослуживцев. Что меняется?

2. Подготовьте три варианта вашего резюме — для разных аудиторий.

3. Вспомните главные советы из этой главы — что может помочь выступить интересно? понятно? как задеть каждого? Проверьте ответы.

4. Представьте, что вам предстоит рассказать об успехах вашей компании президенту Медведеву. У вас есть ровно одна минута. Что вы расскажете? А теперь — тоже минута, но выступление перед боссом. Как оно изменится?

5. Очень полезное упражнение — игра в журналиста. Попробуйте взять интервью у кого-то из близких. Старайтесь использовать в своих вопросах знание конкретных деталей. Вы увидите, как разговорится человек в ответ на искренний интерес к нему.

Глава 20

Типы ораторов

Мы с вами разобрали различные «инструменты» оратора. Конечно, наш перечень далеко не исчерпывающий — этот набор намного шире! Мы достаточно условно разделили такие понятия, как интонация, эмоция, начало-финал, драматургия — хотя по сути одно часто невозможно без другого. Такое деление, на мой взгляд, нужно только для того, чтобы высказать какие-то особо важные соображения по каждой теме. Так что не судите строго. И если что-то из рассказанного мною окажется для вас полезным, я буду очень рада.

А сейчас перейдем к другой теме.

Она не менее важна, чем все предыдущие, но при этом, надеюсь, позабавит и развлечет вас.

Не секрет, что все мы разные. Следовательно, все выступающие люди различаются по имиджу, способу говорить, по тому, как они презентуют себя перед аудиторией.

Вам надо знать, что, если вы не определите свой собственный стиль публичного поведения, тот стиль, который органичен для вас, — успеха у вас не будет, несмотря на использование всех заветных «инструментов».

То, что подходит одному, совершенно не подходит другому! Попытка играть «на чужом поле» и казаться не тем, кто вы есть, всегда заканчивается неудачей.

Оратор не может примерять на себя образы других людей. Правда, найдя свой образ, он все же должен постепенно немного меняться — вместе с меняющимся временем и меняющимися модными течениями.

Но это уже вторая задача. А первая и самая важная — найти тот образ, в котором вам будет комфортно, на который прекрасно реагируют ваши слушатели.

А я постараюсь вам немного помочь. Я встречала так много хороших и разных ораторов, что условно поделила их на разные типажи.

Попробуйте определить, к какому из них относитесь вы. А дальше — делайте выводы.

ОРАТОР-АРТИСТ

На самом деле такие люди — не настоящие артисты, то есть они не служат в театре, не снимаются в кино и не имеют соответствующего образования и записи в трудовой книжке.

Нет, это именно артистичные ораторы. Это люди, которые устраивают моноспектакли, где бы и перед кем они ни выступали.

Им свойственно исключительное владение аудиторией, умение из ничего сделать фейерверк — начать красиво говорить и неожиданно, на самой высокой ноте, закончить любое выступление.

Это, конечно, особый дар. Эти люди почти всегда бывают в центре любой компании. Их приглашают вести свадьбы и быть тамадой на праздниках. И им это с блеском удается.

Но вот что я заметила: при всех плюсах такие люди имеют в своей публичной деятельности много недостатков. Так что не завидуйте!

Они часто повторяют одни и те же анекдоты и байки. Они, как правило, не очень умеют слушать. Они не любят вступать в интерактивное общение с аудиторией — им это не нужно, потому что аудитория, честно говоря, их почти не интересует.

Мне кажется, они упиваются собственной личностью, собственным талантом и собственным говорением.

И при этом, конечно, много теряют. Если их приглашают в одну и ту же аудиторию несколько раз, рейтинг таких людей падает, потому что публика сначала воспринимает оратора-артиста на «ура», но потом он начинает ей наскучивать. Ведь слушателям тоже хочется как-то себя проявить и быть интересными этому человеку. А взаимности нет! Ему интересен прежде всего он сам.

Однажды мои пражские друзья рассказали, как готовились к встрече с очень известным человеком, который давно и успешно выступает по телевизору с историческими моноспектаклями. Они хотели обсудить с ним последнюю его работу, тем более что хорошо разбирались в истории, и им явно было что сказать.

Первый час они еще на что-то надеялись, но к концу четвертого часа общения «в одни ворота» поняли, что им не удастся не то что что-то обсудить, но хотя бы даже вставить слово. Правда, они все равно остались довольны, поскольку этот человек и в жизни оказался ярким и талантливым, но все же присутствовало и разочарование, так как они надеялись на общение другого рода.

Помните, чудесный эпизод из фильма «Старшая сестра», когда разозленный начальник требует позвонить своей жене, и срочно!

Героиня Дорониной спрашивает: «А что я ей скажу?»

Герой Яковлева отвечает: «Вы только позвоните — говорить будет она!»

Я заметила, что люди такого типа очень нервничают, если вдруг у них появляется конкурент — человек того же склада. Для них это невозможно! Они сразу начинают соперничать, и это выливается в блестящий диалог на грани срыва. А иногда они переходят опасную грань, и начинается оскорбительная «дуэль». А бывает и так: одна из харизматичных личностей вдруг «сдувается», как шарик, и становится сама на себя не похожа.

И все же, если вам встретится такой человек — учитесь и учитесь! Как он работает с жестами, как держит паузы, как рассказывает истории и, главное, как умеет зажечь зал! Как правило, у таких ораторов все в порядке с русским языком — богатая лексика, интересные сравнения, цитаты и афоризмы сыплются как из рога изобилия.

Вообще, мы должны привыкнуть к той мысли, что, если есть достоинство, рядом обязательно имеется недостаток.

В природе все соразмерно, в человеческом характере — тоже.

Мне пришлось задуматься над этим очень давно, еще в молодости. Никаких компьютеров тогда не было, зато был «железный занавес», но мой брат ухитрился достать где-то «массачусетский тест» — так, кажется, он назывался.

В ту пору мы очень увлекались тестом Айзенка и прочими возможностями познать самих себя. Но этот тест был особенным, и работать с ним приходилось долго. В нем было 200 вопросов, отвечать на которые нужно было предельно честно. А вопросы самые неожиданные, например: «Хотите ли вы охотиться на львов в Африке?» или «Часто ли вы плачете?» А ответы — только «Да» или «Нет». И их надо раскладывать на две стопочки. Я помню, отвечала, то есть раскладывала карточки, несколько часов.

Брат обрабатывал ответы — и мои, и наших знакомых. И тогда-то я заметила, что сама оценочная шкала устроена интересно: если человек, например, амбициозен и успешен, то, как правило, он ревнив. То есть там была дана схема взаимосвязи достоинств и недостатков. Я запомнила это на всю жизнь.

Если вы держите палку, у нее обязательно два конца — тот и этот. Если ораторы-артисты говорят так, что заслушаешься, то едва ли они будут столь же самозабвенно слушать сами.

Хотя и такое встречается, но это означает только одно: человек хорошо поработал над собой, и ему это наверняка далось ой как непросто! Однако он сумел поставить себе правильный диагноз, определить свой стиль и типаж, а затем вычленил недостатки и начал с ними бороться!

ОРАТОР-ЗНАЙКА

Это, как правило, тихий скромный человек с мягким вкрадчивым голосом, демонстрирующий гораздо больший интерес к смыслу своей речи, чем к тому, как воспринимают ее слушатели. Но эрудиция этого человека, знание предмета, увлеченность и необыкновенная скромность — те качества, которые ценит любая аудитория. Знайку обычно носят на руках. Фамилии таких профессоров или учителей люди запоминают на всю жизнь. И вот что поразительно. Я уже говорила о том, что иногда тихий голос аудитория слушает, затаив дыхание. Как правило, знайки говорят очень тихо и редко пользуются теми инструментами, о которых мы так много говорили в предыдущих главах. И тем не менее — полный успех. Почему?

Эти люди, безусловно, харизматичны, не менее харизматичны, чем артисты. На их лицах написано, что им есть что сказать. Они действительно могут обогатить нас и делают это для нас, они готовы дать нам знания, они готовы поделиться. Лекции и выступления таких людей запоминаются. И, конечно, они умеют тщательно готовиться.

При всей своей скромности и внешней неприметности они любят выступать, любят быть публичными и страдают, когда это удается им реже, чем хотелось бы.

Есть у меня любимый учитель — профессор Сергей Александрович Муратов, он преподает в МГУ и, несмотря на солидный возраст, каждый год выпускает монографию по теории телевидения и документального кино. Он — один из самых уважаемых и признанных специалистов в этой области.

Мне везло на таких профессоров и во время учебы на филологическом факультете Нижегородского университета. Я навсегда запомнила их фамилии, лица, манеру говорить, интонацию — а прошло уже более 40 лет! В их манере не было никакой экзальтации, никакого сумасшедшего артистизма. Профессор Всеволод Грехнев, профессор Георгий Краснов…

Они делились знаниями, которые поражали воображение студентов, знаниями, которые были только у них, знаниями, которые они добыли, перелопатив тонны различных источников. Люди-энциклопедисты вызывают восхищение, уважение и желание идти, служить, работать с ними, учиться у них.

Кстати, Владимир Познер — один из самых образованных наших телеведущих — сказал однажды, что многим обязан тому факту своей биографии, что работал литературным секретарем у Самуила Маршака.

Он рассказывал, что характер у Маршака был чудовищный. Но молодой Володя Познер терпел его капризы, потому что учился у него, учился, учился… Маршак столько знал и так хорошо умел донести эти знания! Рожденный во Франции, выросший в Америке, Познер научился у него многому. И прежде всего — трепетному отношению к русскому языку.

Про «знаек» можно рассказать еще одну интересную историю.

Когда появилась программа «Взгляд», там работали самые разные ребята. Но все они были эрудитами, окончили МГИМО, прекрасно знали английский язык. Успешные московские мальчики из хороших семей с хорошим образованием — Саша Любимов, Влад Листьев и еще группа товарищей. И среди них был один некрасивый, ушастый — Дмитрий Захаров. В молодежной редакции Центрального телевидения его прозвали Гурвинеком.

В ту пору был такой модный иностранный персонаж в детских комиксах — тоже ушастый.

При этом Дмитрий Захаров был настоящим энциклопедистом, то есть знал буквально все: какой спортсмен в каком году где победил, какова высота Джомолунгмы и т. д. Его ответы не требовали перепроверки, он не ошибался.

И вот однажды, во времена расцвета программы «Взгляд», среди зрителей огромной страны было проведено социологическое исследование на тему: кто из ведущих вам больше по душе?

Оказалось, что не брутальный красавец, спортсмен и умница Любимов, не очаровательный харизматичный Влад Листьев, которого нам до сих пор так не хватает, а Дмитрий Захаров. Именно он вызывал у зрителей больше всего положительных эмоций, потому что никогда не старался никем казаться, просто он таким и был.

И не случайно он и сейчас в эфире с очень неплохими программами — и на телевидении, и на радио.

Ораторы-знайки — особый народ, их немного, их надо ценить, беречь. И если вы обладаете обширными знаниями, ваши шансы на успех очень высоки. Только помните, что любые ваши знания надо уметь преподнести и ни в коем случае нельзя кичиться ими. Знайки рассказывают все обо всем и сами всему очень удивляются. Никогда в жизни они не скажут, что все знают. Что вы!

Эти люди хорошо знают только то, что они ничего не знают. Мир вокруг удивляет и восхищает их, и они неустанно познают его и готовы взять в это путешествие и вас.

Не могу не сказать о том, что в этой категории встречаются люди, которые выдают свои псевдознания за настоящие, но при этом их уверенность и харизма увлекают людей, иногда навсегда.

Многие лидеры различных сект действуют именно таким образом — они создают свою теорию и вербуют сторонников и последователей, причем сами далеко не всегда искренне верят в то, что говорят.

Давайте просто иметь в виду, что бывает и такое. Но нас с вами интересуют настоящие ораторы, а не те, кто, используя свой талант, манипулирует другими людьми.

ОРАТОР-ТРИБУН

Такой человек, где бы он ни был, даже в маленькой компании, всегда находится на митинге, всегда готов выступать перед любым количеством народа, и чем больше будет людей, тем лучше. Говорить он умеет, у него горят глаза, речь льется рекой, эмоции бьют через край. Его всегда слушают, даже если не хотят. Чем же оратор-трибун отличается от оратора-артиста?

Трибун «зажигается» только при наличии большой аудитории. Артисты могут блестяще выступать и перед маленькой. Им это неважно. Им нравится сам процесс. А ораторам-трибунам — нет, им подавай именно трибуну. Если они начинают выступать на личностной дистанции, в комнате, перед небольшим коллективом, то все равно сохраняют свой пафос, зычный голос, держат «грудь колесом» — иначе не умеют. Иногда это бывает неуместно и забавно, но чаще это даже раздражает аудиторию.

Тем не менее, если у вас есть такой дар, это очень ценно, потому что оратор-трибун может зажечь коллектив и повести его за собой. Просто нужно правильно оценивать ситуацию и учитывать, что люди не всегда готовы слушать таких ораторов. Им хочется более личностного, более теплого общения. Это тот дар, который требует осторожного применения. Впрочем, как и любой другой.

Однако если зал полон, вам есть что сказать и вы чувствуете особый жар в груди, обязательно выходите к трибуне, даже если вас не планировали в качестве выступающего. Удачное выступление перед большой аудиторией добавит вам и престижа, и уверенности.

ОРАТОР-ДРУГ

Есть еще такой типаж, как оратор-друг. Он сразу позиционирует себя как «один из нас». Он не боится признаться в своих ошибках. Много и охотно беседует с аудиторией, умеет слушать. Иногда кажется, что он не учитель, а ученик, и это вызывает особое доверие аудитории. Это, в общем-то, один из моих любимых типажей. И я всегда стараюсь на специальном «тренинге для тренеров», если, конечно, у человека есть данные, воспитывать именно такой типаж.

Я стараюсь объяснить людям, которые берут на себя смелость учить других, что надо оставаться самим собой и понимать, что аудитория не враг и ни в коем случае не аморфная среда. Да, это разные люди, которые знают где-то больше, где-то меньше, чем вы.

Процесс общения с аудиторией может быть очень приятным, если выступающий позиционирует себя как коллега, как друг и не боится сказать: «Да, этого я не знаю, но к следующей нашей встрече постараюсь узнать».

Возникает ощущение, что этот человек не только не волнуется и не боится быть публичным, но и общается на понятном и дружеском языке.

Как правило, эти люди очень легко смотрят в глаза, редко пользуются шпаргалками, больше ходят, никогда не выступают с трибун.

Они часто шутят, работают с аудиторией в интерактивной манере, стараются запомнить слушателей по именам.

Может быть, мне так близок этот типаж, потому что во многом поведение оратора-друга близко к поведению ведущего ток-шоу, ведущего телевизионного интервью.

Тем не менее мне приходилось встречать такую манеру общения у очень серьезных лекторов, которые никогда не выступали по телевизору. Это был их сознательный выбор, органичный для них.

Конечно, нельзя не сказать о том, что интерактивное общение, тренинги, деловые игры намного эффективнее лекций.

Если люди напрягают мозги, пытаются отвечать на вопросы, мучаются, то вывод педагога они запомнят навсегда. А могут и поспорить с ним — такое тоже бывает.

Оратор-друг может согласиться с аудиторией и переменить свое мнение. Это очень хорошо действует на зал и, как ни странно, приводит не к поражению, а к победе. Ведь если речь идет о гуманитарной сфере жизни, никаких раз и навсегда найденных формул не существует.

Вот и надо искать их вместе — поиск истины и есть тот самый увлекательный процесс, которому мы должны научить любую аудиторию.

Оратор-друг рискует только в одном — никогда нельзя полностью растворяться в атмосфере содружества. Надо время от времени давать публике понять, кто здесь главный, а это бывает трудно.

Надо останавливать выкрики с мест, бесконечные обсуждения в группах, попытки выйти из зала ради «суперважного» звонка. Любая аудитория очень быстро чувствует тот момент, когда «вожжи ослабли», и надо уметь вовремя натянуть их.

Но самое главное, как мне кажется, — это соблюдать хронометраж и строго придерживаться озвученного плана выступления, несмотря ни на какие предложения с места.

Строгость — не помеха доброжелательности.

ОРАТОР-УЧИТЕЛЬ

Учитель — тоже типаж. За таким человеком люди признают право учить их. Но, в отличие от «знаек», учитель четко осознает свою ответственность и стремится дать аудитории реальные знания и навыки, а не просто предъявить поток знаний, как это часто делают «знайки». «Знайки» немножко отрываются от аудитории. Наблюдать за ними безумно интересно: смотришь на человека, слушаешь его затаив дыхание, восхищаешься им. Но зачастую потом мало что можешь вспомнить.

А ораторы-учителя понимают, что должны дать навыки и умения, и это означает — не просто предъявить свои знания, но сделать так, чтобы они стали знаниями других людей.

Учитель, как правило, влияет не только на объем имеющихся знаний, но и на человека в целом, порой меняя его кардинально.

После общения с настоящим учителем люди меняют профессии, сходятся с бывшими женами, становятся добрее или, наоборот, непримиримее, в зависимости от взглядов на жизнь самого учителя. Учитель всегда влияет. «Учитель, воспитай ученика», — помните? «Ученику, превзошедшему учителя», «Учитель, перед именем твоим…» Я надеюсь, у вас в жизни были настоящие учителя. Они встречаются не только в школе, но и в профессии, и в повседневной бытовой жизни. К кому хочется прийти посоветоваться, точно зная, что этот человек найдет для вас и время, и нужное слово?

Не забывайте своих учителей. Они не ждут благодарности. Но надеются на то, что в жизни она встречается.

А если кто-то называет вас своим учителем, этим надо дорожить. Это очень высокое звание.

Как видим, типажи хороших ораторов очень разнообразны, и, естественно, наша классификация грешит обобщениями. В жизни все гораздо сложнее, и многие качества встречаются в одном человеке.

Главное — попробовать найти свой типаж, потому что аудитория всегда почувствует, если вы будете стараться выглядеть совсем не тем, кем являетесь на самом деле. Нельзя играть на чужом поле, нельзя притворяться — точнее не нельзя, а просто бесполезно.

Публичность — это рентген многих глаз, которые видят ваше смущение, ваши сильные и слабые стороны. Надо помнить, что любой типаж имеет не только плюсы, но и минусы. Так устроена жизнь.

Но если у вас есть склонность к определенному типажу, старайтесь работать над минусами, развивать плюсы, и тогда вам удастся предъявлять себя в самом лучшем виде.

ВЫВОДЫ

- ◼ Хорошие ораторы имеют разные манеры поведения перед аудиторией, и это нормально. Главное — быть органичным.
- ◼ Любой, даже самый лучший типаж оратора имеет как сильные, так и слабые стороны.
- ◼ Оратор не должен забывать, что владение материалом — это прекрасно, но не менее важно дать людям конкретные навыки, втянуть их в процесс творчества.
- ◼ Каждый оратор должен найти органичный стиль поведения и постоянно стремиться повышать свой уровень.
- ◼ Публичность — это рентген многих глаз, скрыться нельзя!

ЗАДАНИЯ

На этот раз оно только одно — вспомните своих учителей, постарайтесь проанализировать, к какому типу ораторов они ближе. И главный вопрос: что ближе вам?

Глава 21

Ситуации

В самом начале мы уже говорили с вами о том, что цели выступления бывают разными: дать нужную информацию, побудить людей идти за вами, возбудить в них желание работать, закрепить ваши лидерские качества.

Но не только цели, но и ситуации, в которых вам могут неожиданно предложить выступить, тоже различаются.

Конечно, я не в силах предугадать и разобрать все варианты, поэтому предлагаю подумать над очередной приблизительной классификацией, которая, как мне кажется, сможет вам помочь.

Предлагаю обсудить пять ситуаций, в которых вы наверняка, так или иначе, оказывались и будете еще не раз оказываться. Попробую, если получится, дать вам какие-нибудь советы, и буду рада, если вы их примете и они вам пригодятся.

СИТУАЦИЯ ПЕРВАЯ: ТОСТ

На первый взгляд, элементарно! Тем не менее есть люди, которые избегают произносить тосты. Как бы их ни просили, они всегда отказываются.

Значит, был неудачный опыт или эти люди из тех, кто очень волнуется, когда невольно становится публичной персоной. Им легче отмолчаться. К тому же те, кто не хочет говорить тосты, зачастую прекрасно понимают, что выглядеть умными им будет проще, чем тем людям, которые пытаются что-то говорить и делают это неудачно, а потом сильно переживают.

Вставая и начиная говорить, вы всегда рискуете быть непонятым, осмеянным, получить вместо удовольствия сильные отрицательные эмоции, иногда даже травму.

Я хорошо помню, как в детстве сочинила маме на день рождения свой первый стих, выучила его наизусть, но смогла сказать только первые две строки, а потом убежала и очень долго плакала. Так это и запомнилось на всю жизнь. Неудачные публичные выступления оставляют глубокие раны, потому что рядом был кто-то, кто стал свидетелем вашей неудачи.

Тем не менее, если вы один, другой, третий раз откажетесь говорить тост, другие люди, от которых, может быть, зависит ваша судьба и ваш успех, все-таки отметят это для себя. Они невольно подумают (даже при самом хорошем к вам отношении), что вы боитесь быть лидером — и это большой минус.

Поэтому как раз с тостов я бы советовала начинать учиться публичности. Попытайтесь — в кругу семьи, в компании друзей, на корпоративной вечеринке, — и вас поддержат, оценят вашу решимость, поймут, если даже что-то будет сказано коряво.

Очень хорошо, когда человек умеет произносить тосты, а главное — это очень просто. Ведь есть Омар Хайям, есть Гарик Губерман, есть множество умных книг, в которых можно найти хорошие и не слишком затертые высказывания великих людей. Эти фразы или поэтические строки можно, как файлы, заложить в свою память и спокойно ждать того момента, когда ваша «заготовка» окажется к месту.

Некоторые рассказывают одну и ту же длинную байку, и все с удовольствием слушают, если она заканчивается тостом за хороших людей, за хорошую компанию, а это подходит к любому случаю жизни. Поэтому я думаю, что вам обязательно надо запастись такими «файлами», чтобы не отказываться, а все-таки произносить тосты и чтобы это были не просто пожелания «счастья в личной жизни и успехов в работе». Кстати, если уж на то пошло, можно взять и поменять эти затертые фразы местами, сказав: «За успехи в личной жизни и за счастье в работе!» — и это уже будет очень хороший тост.

Потому что вы не просто переставили слова, вы придумали новый вариант известной всем фразы и вызвали у людей улыбки.

Всегда хороши стихи. Они сейчас, я бы сказала, в моде. Можно цитировать не только Омара Хайяма, который воспевал вино, женщин, застолье, друзей, но и других, современных, поэтов. Например, Игоря Губермана, его замечательные «Гарики», которые подходят к разным случаям жизни. Есть веселый поэт Вишневский, который одной фразой может сказать о своей жизни так много! Одна из таких фраз запомнилась мне: «Я даже к мужу твоему привык!» — это же на самом деле стих о любви!

Помню, в юности я любила в качестве тоста цитировать Рождественского: «Мы, окрыляясь тостами, парим над столиками. Читаем книжки толстые и пишем тоненькие. Твердим о чьей-то тупости, вздыхаем мудро, а сами неосознанно идем к кому-то». Люди всегда реагировали на это душевно, потому что каждый понимал эти строки по-своему. Стихи этим и хороши, они звучат как музыка, и каждый их воспринимает как музыку, то есть очень личностно, каждый ищет и находит свое.

А вот самодеятельные стихи типа «С днем варенья поздравляю, счастья-радости желаю» я, честно говоря, не люблю.

Мне кажется, что это низкий уровень языка и низкий уровень эмоций. Если не получается написать что-то эксклюзивное, лучше перейти на прозу. Тем более что бывают замечательные, славные анекдоты, подходящие к случаю или даже ко всем случаям.

Есть тосты, которые имеют абсолютно конкретное наполнение и хороши только в данный момент, в данной компании, за этим столом. Если же говорить о каком-то модуле хорошего тоста, то все-таки желательно заранее продумать, что вы хотите сказать.

Мы уже говорили, что даже в самой неожиданной ситуации, когда вам дали слово внезапно и времени на подготовку нет, несколько секунд у вас есть всегда. Пока встаете, пока просите налить или спрашиваете, налито ли у всех… В крайнем случае вы можете предложить сказать через одного оратора, но это повышает вашу ответственность и интерес сидящих за столом.

К примеру, вы присутствуете на юбилее, и юбиляр чего-то ждет от вас, и этот человек вам глубоко симпатичен, но вы страшно смущаетесь.

Задайте себе такой вопрос: какое воспоминание, связанное с юбиляром, вы можете рассказать сейчас? У каждого приглашенного на юбилей, на день рождения есть такие воспоминания, о которых не знают окружающие. Надо только, чтобы наш герой, юбиляр или именинник, выглядел в этой истории как-то особенно симпатично. Это не обязательно должна быть история о его подвигах, успехах в работе — лучше что-то неофициальное. Смешная история из жизни, рассказанная хорошо и главное — коротко! Тогда она вызовет улыбку и ощущение родства у всех в этой компании.

Я считаю, что тост никогда не должен быть затянутым. Есть четкое ограничение — не более двух минут, и никак иначе. Поэтому прокрутите тост «про себя». Хорошо бы при этом засечь время.

Если вы решили рассказать историю про виновника торжества, то она должна быть только одна. Иногда хочется рассказать много, но знайте, что уже на второй истории люди захотят выпить, закусить, и вообще они тоже хотели бы сказать слово.

Значит, из всех историй, которые вы помните, выберите самую яркую, самую лучшую, а за ней обязательно должно следовать ваше пожелание. И, конечно, не такое: «За здоровье, все остальное купим» или «Оставайся таким всегда»!

Трафаретных фраз надо избегать: избито — значит, нельзя.

Из любой истории должен следовать вывод, который касается лично двух человек. Но при этом вы не должны забывать о внимании всех остальных людей. И, кстати, я советую всегда дожидаться этого внимания.

Иногда люди начинают говорить тост как-то не вовремя — кто-то не докушал, кто-то разговаривает, и тост тонет в шуме… Спокойно постучите по бокалу и скажите, что сейчас вы расскажете историю, которую никто не слышал. Эту историю знает только именинник, но сегодня она будет интересна всем. То есть прорекламируйте свой тост, а потом старайтесь говорить коротко и четко. Расскажите свою байку, затем вывод, придуманный заранее, — здесь как раз можно воспользоваться домашней заготовкой. Это может быть подходящий к случаю афоризм, какая-то крылатая фраза. И тогда получится, что тост ваш уникален и относится к данному человеку, но при этом интересен всей компании. И люди это обязательно запомнят. Подойдут к вам, отметят, как хорошо вы сказали... Ведь, поверьте, далеко не каждый человек способен на хороший тост!

СИТУАЦИЯ ВТОРАЯ: САМОПРЕЗЕНТАЦИЯ

Часто, когда вы знакомитесь с кем-то, кто вам нужен или интересен, вам требуется очень коротко рассказать о себе так, чтобы произвести хорошее впечатление. Собственно, мы всегда стремимся производить хорошее впечатление на окружающих. А уж особенно на тех, от кого зависит наша судьба, карьера, решение какого-то вопроса.

Мне много раз приходилось слушать и наблюдать различные самопрезентации, короткие или чуть длиннее, если это формат семинара, на котором каждого уже на первом занятии просят рассказать о себе, и люди волнуются и говорят очень сбивчиво.

Запомните: прежде всего, надо избегать штампов.

Подумайте, что в вашей биографии, в вашем личном опыте есть такого, что может заинтересовать ту компанию, в которой вы сейчас находитесь. Помните, что даже в ситуации самопрезентации хорошо бы вызвать у окружающих улыбку. Никогда не говорите о себе пафосно! Не хвалите себя и не сообщайте: я трижды лауреат такой-то премии, я это, я то, а сейчас я разрабатываю такую-то тему... Вы сразу увидите холод и равнодушие в глазах людей, к которым обращаетесь.

Люди сами должны про вас узнать, или кто-то должен сообщить им это. Сегодня, в эпоху Интернета, нет ничего сложного в том, чтобы найти информацию о любом человеке.

Если вы понравитесь, если произведете хорошее впечатление — не беспокойтесь, уже завтра ваши соратники по группе будут знать про все ваши успехи! А вы сами должны рассказывать о себе иронично и весело.

У нас на семинарах в центре «Практика», когда приезжают журналисты из разных регионов страны, происходит шоу самопрезентаций по кругу, которое я обозначаю в программе как «знакомство». Каждый должен рассказать о себе — в течение полутора минут. И бывает очень странно, когда оказывается, что мало кто может сделать это качественно.

А ведь это журналисты, люди активные, эмоциональные, которые должны не бояться говорить, это их профессия. Например, девушка рассказывает о себе: «Вы знаете, я родилась в маленьком городе, где сейчас и живу, я очень люблю свой город, вряд ли вы его найдете на карте, вряд ли вы знаете его название — город Энск, он очень красивый, хотя и небольшой, жителей в нем немного, почти все знают друг друга. У нас небольшая телекомпания, на которую я попала случайно, у нас небольшой коллектив, молодой, нам очень нравится работать на телевидении, у нас у всех горят глаза. Мы приехали сюда за знаниями, и я надеюсь, что во время этой учебы получу знания, вернусь, и мы будем работать еще лучше».

Что она сказала? Ничего. Весь этот текст подходит многим, очень многим журналистам из других городов — Эрска, Эмска и т. д. И это означает, что она ничем и никак не запомнится.

Надо всегда сказать так, чтобы запомниться, сказать так, чтобы услышали.

Как говорит Олег Добродеев: «Всегда есть новости там, где есть журналисты». Имеется в виду — хорошие, профессиональные журналисты. Потому что бывает, что живут журналисты в городе и говорят: «У нас нет новостей». Значит, согласно определению Добродеева, они не журналисты! И я лично совершенно с этим согласна.

Выходит другая девушка и говорит: «Меня зовут Татьяна. Я из такого-то города. И к несчастью, вы об этом городе слышали, потому что месяц назад у нас там взорвалось... И это показывали по всем каналам. Когда не взрывается, нас не показывают, как и вас, наверное. У меня три кота и одна собака. А поэтому мне не надо ходить в цирк. Цирк у меня дома. И у меня сейчас с моим бывшим мужем опять конфетно-букетный период».

Запомнилась каждая фраза, абсолютно каждая. И город мы запомнили, потому что слышали про этот взрыв, и с мужем конфетно-букетный период, и собаку, и кошек — все личное всегда запоминается всем. Потому что интересует всех. И не бойтесь об этом говорить. Сейчас это даже принято. Сегодня во всем мире воспевается семья. И если у вас трое детей, ничего плохого не будет, если вы упомянете об этом даже при официальном знакомстве. Наоборот — это вызовет интерес и уважение. И какое-нибудь увлечение, если оно есть, всегда очень интересно. Но после того, как в самых разных компаниях я много раз повторяла, что у меня трое детей, — я заметила, что люди стали опускать глаза, смотреть в сторону. Перебрала! Рассказывать о себе надо уметь. Если найдена какая-то удачная фраза, ее спокойно можно говорить в разных компаниях, тиражировать — но помнить о чувстве меры! Во всем!

Очень хорошо, когда вы над собой хихикаете. И «конфетно-букетный период с бывшим мужем», и «не надо ходить в цирк» — все это очень симпатично и вызывает улыбку. И при этом, если перед вами нужный вам человек, то в таком же легком стиле, презентуя себя, вы можете сделать так, чтобы он запомнил нужную вам информацию.

Любую. Вопрос только в том, насколько легко и изящно вы это сделаете. Например, вы презентуете себя, а вам бы хотелось с человеком, который ведет семинар, отдельно поговорить по вашей тематике. И вы рассказываете что-то интересненькое о себе, о городе, о работе, а дальше говорите: «Моя плохая особенность — это то, что я люблю приставать с занудными вопросами к педагогу, поэтому не хочу отнимать время у всей группы, но очень надеюсь, что у меня будет такая возможность». Педагог обязательно кивнет вам, и, как только наступит перерыв, вы можете подойти к нему и пообщаться тет-а-тет. Так вы добьетесь своего. Всегда можно сказать именно так, как вам надо, и добиться желаемого результата, какой бы сложной ни казалась эта задача.

Если вы хотите стать лидером, успешным человеком, вам надо принять за аксиому то, что любое ваше публичное выступление — это отличный шанс продвинуться. Вы умеете говорить — пользуйтесь этим! Но помните, что этот процесс надо контролировать, надо думать, готовиться и работать над собой.

СИТУАЦИЯ ТРЕТЬЯ: ПРЕЗЕНТАЦИЯ

Если вам надо презентовать свою работу — вам повезло. Вас пригласили на конференцию «Сто кейсов российского бизнеса» и дали семь минут на то, чтобы презентовать свой результат. Мы уже говорили про прикладные средства, про использование компьютеров, программу PowerPoint, мониторы и доски и возвращаться к этому не будем.

Но каким образом провести презентацию так, чтобы зрителям не было скучно?

Во-первых, в вашем арсенале есть интерактив: вы можете сразу задать аудитории три вопроса и из ответов выяснить, что она знает по вашей тематике. Люди встрепенутся и заинтересуются, потому что поймут, что вы интересуетесь ими, хотите им что-то рассказать.

Во-вторых, очень важно знать, какой момент презентации самый выигрышный. И если вы чувствуете, что публика устала, зевает, не хочет вас слушать, меняйте ход выступления так, чтобы выигрышное показать с самого начала. Я видела, как это делают хорошие лекторы, — они пролистывают слайды и говорят: «Вы знаете, я это показывать не буду... Вы устали». Но мы видим, что человек готовился, что он закрывает какие-то слайды, которые явно тоже могут быть интересны... Однажды я даже заметила, что человек специально взял несколько слайдов, чтобы их пролистнуть, потому что это явно вызывает интерес аудитории: «Надо же, какой человек, как он подготовился, он нам хочет показать вот эту схему, потому что она самая выигрышная. А до этого он все пролистывает, пролистывает, потому что учитывает...»

Вам обязательно надо показать, что вы учитываете ситуацию, учитываете аудиторию, но, тем не менее, твердо стоять на своем и главный свой результат, главный слайд показать, рассказать и вызвать вопросы. Если будут вопросы, считайте, что вам все удалось. Они означают, что у людей возник интерес. А если после презентации к вам никто не подошел, значит, она не удалась. Третьего не дано.

СИТУАЦИЯ ЧЕТВЕРТАЯ: МОДЕРАТОР

Бывает у людей публичных и другая роль — быть модератором какого-то общения, вести круглый стол, конференцию, урок, лекцию, обсуждение, семинар. Вас приглашают в качестве ведущего. Эта роль — чрезвычайно интересная.

Очень часто модераторы ограничиваются тем, что называют выступающих и в конце чуть-чуть комментируют ход дискуссии. Это плохие модераторы, поверьте мне.

Я видела много хороших. Хороший модератор ярче и значительнее всех докладчиков, вместе взятых, но при этом он говорит очень мало — просто каждое его слово имеет огромный вес. Хороший модератор обязательно должен создать главное — атмосферу в зале.

Он должен сразу установить правила игры и формат общения — можно ли входить-выходить в зал и из зала, когда будет кофе-брейк (это всегда всех интересует). Должен сообщить, чем мы сегодня занимаемся, кто сидит в зале, познакомить людей друг с другом, сказать два слова о каждом докладчике, подчеркнуть наличие иностранных докладчиков и сразу предупредить, что будет перевод.

Надо сразу поставить себя главным распорядителем данного события, взяв на себя ответственность и за его результат, и за качество.

Я думаю, что модератор должен представить самого себя в самом начале, даже если ему предстоит вести круглый стол не по «своей» тематике. Модератор может сказать, что ему самому это очень интересно, но он пока знаком с этой тематикой на таком-то уровне. Однако сегодня будут такие докладчики, которые прояснят ситуацию — с долларом, евро, медициной или какой-то другой темой…

Главное — не говорить много и помнить о том, что основная задача модератора — дирижирование. Сам дирижер не играет. Он руководит оркестром. Так же и модератор руководит большим оркестром — будь то конференция, круглый стол, совещание. Если, невзирая на просьбу отключить телефоны, кто-то этого не сделал, модератор должен извиниться перед докладчиком и сделать замечание тому, у кого зазвонил телефон. Показать таким образом, кто здесь главный.

Если вы модератор, то должны заботиться о том, чтобы докладчикам было уютно и комфортно. Но если докладчик затягивает свой доклад, говорит скучно и аудитория его не слушает, это тоже ваша проблема, а не проблема докладчика.

Это вы здесь отвечаете за все. Поэтому можно на правах хозяина очень осторожно остановить докладчика, задать ему несколько вопросов. Можно напомнить о времени, но только если вы заранее договаривались о формате выступления. Предупредите: «У вас осталась одна минута», — и это будет вполне тактично.

И, конечно, модератор должен всех слушать, все слышать, видеть, чувствовать. Очень хорошо, когда он шутит. Недавно мне довелось побывать на коллегии Министерства связи, которую вел Михаил Сеславинский, руководитель Федерального агентства по печати и массовым коммуникациям. И он очень хорошо и очень вовремя пошутил.

Обсуждалась тема книгоиздания в стране, за столом сидели представители отрасли — те, кто издает книги, те, кто их продает, и те, кто их пишет. Мы давно перестали быть самой читающей страной в мире, и там было что обсудить. Но дискуссия зашла в тупик. Доклад о том, как снижаются тиражи газет, тиражи книг, люди переходят на Интернет и непонятно, что будет с отраслью, вверг всех в панику.

Повисла тяжелая пауза, и тут Михаил Вадимович сказал: «Вы знаете, сейчас самое время ответить на записки. У меня их целых две. Первая записка такая: "Михаил Вадимович, нельзя ли выключить кондиционер? Очень холодно". А другая такая: "Михаил Вадимович, сделайте кондиционер посильнее, потому что в зале очень душно"».

И все засмеялись, потому что перед ним действительно лежали две записки. Он их специально озвучил и нашел момент, когда это надо сделать. А потом сказал: «Надеюсь, что ход нашей дискуссии будет более продуктивен… Эти две записки, эти два мнения объединить невозможно, поэтому я решил оставить кондиционер на том уровне, на котором он работает. Ведь записок только две, а в зале 50 человек. А вот по обсуждаемой проблеме очень хотелось бы прийти к какому-то конструктивному решению — будем или не будем помогать отрасли и как будем ее развивать…» И народ как-то подзарядился. И интонация изменилась. То есть Сеславинский переломил ситуацию и сделал разговор другим.

Он вообще человек очень остроумный и слушает всех чрезвычайно внимательно.

Так что если вас пригласили в качестве модератора — я вас поздравляю. Поверьте мне, это очень интересно. Но расслабляться нельзя ни на секунду, и надо быть готовым в финале любого совещания подвести черту, причем хорошо бы высказать коротко свое мнение и процитировать самые яркие моменты выступлений ваших докладчиков. Это высокий пилотаж и вместе с тем нормальное рабочее требование для любого модератора.

СИТУАЦИЯ ПЯТАЯ: ПЕРЕГОВОРЫ

Не случайно говорят, что в бизнесе, да и в любом другом деле, успеха достигает тот, кто умеет вести переговоры, умеет коммуницировать. Эффектное и эффективное коммуницирование — самое главное качество любого хорошего переговорщика.

Об искусстве переговоров написано много книг — и иностранными, и нашими авторами.

А какие советы могу дать вам я?

Конечно, очень важно все то, о чем мы говорили до этого. Если вспомнить про знание аудитории, то в данном случае важно иметь максимум информации о том человеке, с которым вы ведете переговоры. Тогда вы сможете сказать при встрече не дежурный комплимент: «Как вы прекрасно выглядите» или «Вы гораздо моложе, чем я думал», — а что-то, что будет свидетельствовать о вашей подготовленности, например: «Вы знаете, я прочитал ваше интервью недельной давности в газете такой-то. И мне запомнилась эта фраза…».

После такого пассажа к вам будут относиться иначе.

Далее надо помнить о том, что переговоры — это всегда игра, и кто кого переиграет — никогда заранее не известно. Чтобы добиться хорошего результата, нужно быть в форме.

Вы можете проиграть, поскользнувшись на банановой кожуре. Например, затянув разговор. А у человека другая встреча. Вы не понимаете, почему он нервничает. А переговоры не удались. Поэтому всегда надо в самом начале определять временны́е рамки переговоров и те вопросы, которые вы будете обсуждать. Тогда вам будет гораздо комфортнее и свободнее. Вы сможете спокойно поглядывать на часы, следя за временем, и это нормально, как и заглядывать в блокнот, в котором записаны нужные вам цифры или вопросы к собеседнику. Ведь память может вас подвести, и вы уйдете, не задав того самого вопроса, ради которого напросились на встречу. Вообще я советую, когда вы садитесь за стол переговоров с важными людьми, заранее записывать пункты, по которым вы хотите разговаривать.

Ну и наконец, надо всегда четко и коротко формулировать свои мысли, добиваясь полного понимания того, что вы говорите.

Можно по ходу переговоров отказываться от каких-то своих идей и предложений, если вы поняли, что собеседник устал или что вы зацепили его какой-то одной, самой важной идеей и он готов участвовать в ее реализации. Тогда можно отбросить все остальное.

Насколько я могу судить по наблюдениям за опытными дипломатами и переговорщиками, это умение «на ходу» менять предварительно написанный сценарий — очень важное качество.

Вот, собственно, и все советы. Считаю, что рамки этой книги не позволяют более подробно говорить о столь сложной теме. Поэтому, возможно, когда-нибудь я напишу по ней отдельную книгу.

А мы подошли к финалу. Буду очень рада, если была вам чем-то полезна. Готова выслушать замечания, в том числе критику. Это всегда интересно. Только так можно расти — когда слушаешь и тех, кто хвалит, и тех, кто критикует.

Готова общаться с вами в Интернете, мой личный адрес: ninazvereva01@gmail.com.

Успехов вам! И не огорчайтесь, если что-то не получится.

Могу по секрету сказать: нет ни одного оратора в мире, который бы не имел опыта неудачных выступлений.

Неудачи — это прекрасный повод подумать, сделать выводы.

И идти дальше!

Искренне Ваша,
Нина Зверева

Об авторе

Нина Витальевна Зверева — тележурналист и педагог, обладатель высшей телевизионной премии «ТЭФИ» и член Академии Российского ТВ, руководитель и ведущий тренер Российского учебного центра «Практика», обучение в котором прошли более 5000 тележурналистов из всех регионов России.

Нина Зверева — автор популярного учебника «Школа тележурналиста» и аудиокниги «Я говорю — меня слушают», преподаватель МГУ и ВГИКа, профессор Школы телевидения «Останкино». Ее лекции — это живые тренинги, и студенты никогда не пропускают ее занятий, постигая на практике сложную и увлекательную науку эффективной коммуникации.

Последние 10 лет Нина Зверева успешно занимается коучингом топ-менеджеров крупнейших российских компаний, а также чиновников, политиков, бизнесменов.

Она — автор идеи и продюсер фестиваля «Живое слово», который ежегодно проходит в музее-заповеднике А. С. Пушкина в селе Большое Болдино.

За профессионализм и плодотворную педагогическую деятельность Нина Зверева награждена орденом Дружбы, орденом Почета, медалью ордена «За заслуги перед Отечеством» II степени.

Но главной заслугой и счастьем своей жизни она всегда считала семью, в которой выросли трое успешных детей и уже четыре внучки.

Зверева Нина

Я ГОВОРЮ — МЕНЯ СЛУШАЮТ

Уроки практической риторики

Главный редактор *С. Турко*
Руководитель проекта *А. Деркач*
Технический редактор *Н. Лисицына*
Корректор *В. Муратханов*
Компьютерная верстка *А. Абрамов*
Художник обложки *С. Прокофьева*

Подписано в печать 18.01.2018. Формат 60×90 1/16.
Бумага офсетная № 1. Печать ролевая струйная.
Объем 15,0 печ. л. Заказ №   .

ООО «Альпина Паблишер»
123060, Москва, а/я 28
Тел. +7 (495) 980-53-54
www.alpina.ru
e-mail: info@alpina.ru